Onnasch:

Aspects of Contemporary Art   Aspectos da Arte Contemporânea

Boris Groys
About Collecting in the Modernist Age

Since the beginning of modernism at the latest, art that can be considered serious, challenging, valuable, or "high" has been produced principally for collections, public or private. This grounding of art in the practice of collecting has profoundly shaped both the strategies of art making and people's perception of modern art. Producing art under these circumstances implies creating things that differ from things in general, as regards both the duration and the context of their societally guaranteed existence. In Western cultures most objects are looked upon as having a finite existence, and we accept their finitude. This is true of all of the things we surround ourselves with, even those we consider especially beautiful. Works of art in a collection represent the sole significant exception to this rule. The act of collecting implies a promise that the works selected will be preserved and will be spared the fate to which everything else is subject.

The development of modernism has been accompanied by continual argument about the criteria that distinguish art from non-art, or, put differently, about what things deserve to be included in a collection and what things do not. Yet every public or private collection engenders its own, frequently idiosyncratic context of perception, and by so doing, it establishes certain criteria for its continuation. As this implies, a work of art that fits into one collection may fit less well into another. In other words, the aesthetic quality of a work is a factor that is dependent on context, on the particular collection concerned. True collecting does not mean simply acquiring at random objects which are considered aesthetically valuable. Rather, certain collecting strategies open new points of view, which enable us to find aesthetic qualities where we previously had not expected them. Collectors, if they are good collectors, are no less innovative and indispensable than artists for the viability of art.

Thus a collection serves as more than a passive repository for art of the past. Each collection contains the active potential for its own future continuation. A collection is a project that is oriented to the future. It is by definition utopian, futuristic – it contains the promise of being perpetually incomplete. Now, this circumstance in turn puts contemporary artists under the pressure of having to think like a collector, and to continually produce new works that, though they have yet to enter a collection, could very well form its continuation. We often tend to think of collecting as a conservative activity which leaves no room for the new. Actually, the opposite is true. It is only through a collection, a potentially infinite series of objects, that the future is invoked. To make innovation possible, a place within culture has always had to be reserved for its acceptance. A collection represents just such a place, whose potential expansion provides space for what has yet to be collected. The dynamic of modern art can be explained largely in terms of this openness to the future represented by modern art collections.

No doubt this is a conception of art collecting that did not exist before modernism, but it is nevertheless our own. Modernism has drawn all sorts of conclusions from this conception, the most far-reaching of which was obviously the ready-made. And indeed, if entry into an art collection transforms an object into a work of art, then ultimately anything can become a work of art. The sole criterion is the collector's decision to accept a certain object. Of course it can be argued that such an act, in itself, can never suffice, and that the character of the work remains indispensable. But what we wish to focus on is the regulative idea of the modern art collection – an idea which, even though it may not be practicable to the final degree, neverthless determines the intrinsic dynamic of art in the modern age. As a result, the distinction between artist and collector, which long occupied the modernist imagination, is potentially negated. Traditionally, the collector's eye was considered domineering in that it triumphed over the artist's laborious efforts. The collector had it within his power to judge and evaluate artistic work and either accept or reject it. And above all, his perception had the power to put a price on the work.

In the course of modernity, however, the positions of artist and collector within the temporal economy of perception have changed. Earlier, the considerable investment of labor, time and effort needed to create a traditional work of art stood in what was, for the collector, a highly favorable relationship to the time invested in its appreciation or consumption. After the artist had labored long and hard on his work, the collector evaluated it effortlessly, at a glance. This is the source of the traditional superiority of the collector over the artist/painter as supplier of pictures.

In the meantime, the invention of photography and the ready-made have brought the artist closer to the collector in terms of the temporal economy of perception, because these techniques enable him to produce imagery in a split second. Video art faces collectors with an even greater challenge. The camera that produces moving pictures can take them automatically, without the artist having to invest any time at all in the process. This provides the artist with a surplus of time, for the collector now must invest more time in viewing and evaluating the imagery than the artist required to produce it. Until quite recently, it was often argued that the rise of ready-made art, photography and media art would lead to a glut in collections and a reduction in their value. The hermetic space of the collection seemed destined to be inundated by an ocean of technically mass-produced imagery.

Yet we should remember that the activity of collecting creates the stage on which modern subjectivity can play itself out, through art objects ranging from the handmade to the technological. This is by no means to denigrate subjectivity. One would have to proceed on highly dubious metaphysical premises to reach the conclusion that staged subjectivity is somehow worse or more deficient than "true" subjectivity. This type of subjectivity is produced; in fact, it is the true art product of modernity. And as a thing produced it is no less "real" than any other product of civilization. In this context, the free space outside the museum – so-called "reality" or "life" – is experienced from this subjective point of view as a space for potential collecting. The result is a specific, well known, and eminently modern passion for collecting.

Viewed from the well-lighted but constricted interior spaces of a collection, reality does in fact present itself as the sum of everything that has "not yet" been collected, been perceived, presented and appreciated as art – and that until then must remain hidden in the dark. Things in the outside world appeal to the collector to be transformed, redeemed, reawakened, brought to light. They are in distress, and the art collector feels subjectively called to rescue them from their distress and bring them into the safe haven of the interior space of the collection. Since the beginning of the last century this missionary spirit has also impelled the avantgardes, which have protested over and over again that something else, something "different" has yet to be collected, represented, publicized, explained and saved. The internal logic of collecting manifests itself, in other words, in the premise that declaring a thing to possess the quality of difference – and hence newness in the context of a museum-style collection – suffices to lend this different thing an aesthetic value. Whenever a politically, aesthetically or otherwise motivated demand is made to accept the different, the suppressed, or the excluded into a collection, this demand is really quite superfluous, because it is already a premise in the internal logic of collecting.

Admittedly, the figure of the collector raises feelings both of admiration and deep mistrust in the public mind. He is looked upon as someone who immerses himself in his collection, enters the space where his treasures are kept and shuts the door behind him, isolating himself from the general public and creating an unbridgeable gap between himself and them. The collector is infused with a passionate love of his personal treasures, his strictly private property, and therefore absconds from the context of general social communication. A collection creates a distinction, a breakdown in communication, a heterogeneity in the midst of the homogeneous space of modern mass society. By the same token, the values that accumulate in a collection are removed from the universal exchange of commodities, the boundless flow of modern capital.

It is no coincidence that the figure of the collector has been so hated by many modern authors. Georges Bataille, for instance, enthusiastically describes in many of his writings the loss of personal treasures, wealth, luxury goods – the dissolution of private collections in the infinite exchange of all values. The collector is the enemy of the all-encompassing homogeneous space of the unlimited exchangeability of all things. He creates a special, isolated space for the things he loves, thus giving these treasures a unique fate, different from that of everything else. This is why many people look upon the act of collecting as unjust and arbitrary, which gives them reason to deplore the collector. Occasionally this hate is manifested directly, in government-approved, legal expropriation. But normally it takes the form of a vague disapproval, directed against those who would alter the fate of some things as opposed to the rest – and who, above all, would establish value differences. In the contemporary period, art is generally understood as a form of social communication, and it is considered self-evident that everyone wishes to communicate and gain communicative recognition – if cultural differences can no longer be levelled, at least they should be communicated. Being different from other people is no longer considered bad. Yet it is still considered bad and antisocial to withdraw from general communication.

Any difference that strives to make itself understood to others, to be communicative, is not different enough. Modern art of the past century was so radical and interesting precisely because it consciously withdrew from normal social communication – it excommunicated itself, if you will. The "incomprehensibility" of avantgarde art was intentional, and not merely the result of a breakdown in communication. Language, including visual language, can be used not only as a medium of communication, but as a medium of strategically planned non-communication or, again, self-excommunication, i.e. a conscious withdrawal from the society of communicators. And this strategy of self-excommunication is quite legitimate. An artist might wish to erect a linguistic barrier between himself and others in order to gain critical detachment from society. The autonomy of art is nothing other than this movement towards self-excommunication. It is a matter of obtaining power over differences, a strategy of producing new differences instead of overcoming or communicating old differences.

By no means does the autonomy of art merely consist in a self-contained art market or a special art system among many other social systems, as Niklas Luhmann recently stated in his book with the characteristic title *Kunst der Gesellschaft* [Art of Society]. Rather, art may be defined in terms of its ability, not merely to form a special field of social activity, but to divide society, interrupt its homogeneity. The modern art collection, as mentioned, offers a particularly straightforward way to avoid the imperative of total communicability, to create a private space of self-isolation. The modernist period, in which art has become hermetic in many respects, provides a special opportunity to build an art collection that is largely sealed off from the rest and enables the collector to assume an aesthetic and critical distance from society as a whole.

Yet in one of his functions, the collector remains indispensable to the general public. This function consists in naming the price of an individual work of art. This is by no means a simple operation. Establishing a certain monetary value for a work of art gives the collector the unique opportunity to quantify his aesthetic judgement, to differentiate and precisely define it. In the absence of the money code, aesthetic judgements would be reduced to a simple "yes/no" proposition, a "good" or "bad", an "I like it" or "I don't like it." Beyond these binaries there would be no space for a differentiated evaluation.

Now, naming a price for a work of art provides an opportunity to evaluate it much more precisely and subtly. For example, a person might say "yes" to a certain work priced at DM 2000, but "no" when the price tag is DM 2500. This decision need not even mean that the person making the judgement actually intends to buy the work for the price named, if he had the opportunity. Rather, it marks an invisible value limit which the viewer sets between yes and no – a limit beyond which the aesthetic judgement flips over into its opposite. Naturally this mark is on the one hand quite precise, yet on the other very vague – how does our hypothetical viewer know what distance separates yes from no, and how this distance can be quantified?

There are no "objective" laws of supply and demand governing the price of a work of art, of which only a single example usually exists. Every other consideration affecting its price – the artist's name, reputation, etc. – ultimately proves to be highly problematical. The number designating the sum of money a viewer "would be prepared to pay for this work of art" is in fact an expression of an inherent, purely subjective aesthetic feeling which at the same time, if one may say so, is an inherent, subjective monetary feeling. When a work of art is acquired for a collection, a subjective aspect of money manifests itself, an intrinsic and obscure link between quantity and emotion which is necessarily overlooked in the "objective" functionings of the economy and which reveals itself at most indirectly, in such affectionate terms as "my dear" or "my treasure" – which immediately prompt one to ask, "dear – but how dear," or "treasure – but how large?"

This inquiry into the precise quantity implied in a feeling of affection is usually suppressed and remains unspoken in interpersonal relations. Not so in the case of art collections. One may not really know whether a certain work of art actually cost DM 2000. But one senses it. This, again, is a strange, enigmatic feeling – an intuitive sense of the hidden presence of money in everything around us. This sense can be trained by asking oneself, How do I feel in the presence of objects that cost so and so much? We do often ask ourselves, and others, such questions, as for instance when entering a strange house: How much do you suppose this house cost? The question is not really aimed primarily at finding out how wealthy the owner is or what the real estate prices in the neighborhood are like. Rather, it is prompted by the feeling of being, let us say, in a house that cost a million (in what currency basically doesn't matter). And we want to know whether or not this feeling of ours is deceptive.

The sense of being in the presence of a certain sum of money overcomes us everywhere in our civilization – in restaurants, museums, boutiques, even in the wilderness, because considerable value is now attached to the natural environment. Seen in this light, the monetary feeling has become the most fundamental feeling of all. Yet this does not imply that naming the price of a work of art means abandoning the aesthetic experience and emotion, and getting down to business. No, when we look at a picture we ask ourselves, in some inmost recess of our being, How do I feel in the presence of this picture? We may recall similar pictures and the inward feelings they aroused – and what they cost. But we are also put in mind of houses we were invited to, trips we took, restaurants we dined in – and we recall the feelings associated with these things and the prices we paid for them. So we can say that the experiences of a lifetime are summed up in the estimate that a certain picture cost DM 2000. In the presence of this picture we feel just as we would feel in the presence of that sum of money, not a penny more nor less.

A friend of mine – an artist – once told me that no art critic could ever understand a work of art because really understanding a work of art would mean buying it for one's collection, and not merely writing about it. Naming the price we are willing to pay for a work from our own pocket is the only hermeneutics that does justice to art. Nothing reveals the extremely complicated role which money plays in our contemporary mental budget more clearly than the deeply paradoxical feeling with which the contemporary viewer diagnoses the presence of money in things.

Yet since the inception of the classical avantgarde, precisely those pictures or images which are poor in signs of worldly success, magnificence, "external" richness, have had the greatest chance of being diagnosed as places where the really big money resides. In this case, the lack of an immediate sense of money is paradoxically interpreted as a sign of the covert presence of money. Just as a medieval monk sitting on the bare floor of his cold cell could say, Here, too – meaning especially here – is God, today we say in the presence of a painting in which no sign of a valued artistic tradition is evident, This, too, costs money – and probably a lot for that very reason. Here money becomes an omnipresent inner force that manifests itself precisely in the seemingly least important, least prepossessing things.

Without this new, genuinely modern mystique of money, modern art would be inconceivable, because it can and intends to prove its intrinsic value without resorting to superficial, visual values. Modern art seems to reveal the deepest secret of money: The true worth of things can never be judged by their external appearance – money is an enigma within an enigma. Consequently, the true adversary of Marx in the last century was actually Duchamp. The art of Duchamp, Warhol and their successors was a paradisal art, in that it denied that human labor was unavoidable and instead promised to recognize and manifest the monetary value pre-existing in every thing and every human being, i.e. before any additional effort of labor. As Beuys said, Every person is an artist – by which he actually meant, Every human being is a work of art. Duchamp's ready-mades offered the promise of a "real utopia," one that could measure itself against the promises of communism and that represented an effective alternative to Marxism: a promise made to every individual that he or she can become part of a collection.

Yet we must not forget that while the individual artist's investment of time and labor in producing a work of art has continually decreased in the course of modernism, this is only because more and more effort has simultaneously been invested in building art collections – in constructing spaces to house them, in preserving and restoring the works, etc. Thus the production of value above and beyond that produced by labor ultimately turns out to be an illusion. It is not so that "poor", mundane things manifest their hidden value, including their monetary value, as a result of being raised to the "ideal" status of art. Rather, the same added value is ascribed to the thing collected which is subtracted from the labor invested in accumulating and storing the collection into which it is admitted. This conclusion, by the way, can form a basis for the development of a political economy of modern art that goes beyond vague and non-committal talk about "symbolic capital" and a "critique of institutions," by defining the borderline between art and non-art not as something "ideally" determined but as something "materially" extant. No adequate evaluation of the claim of modern art to represent a paradisal creation beyond labor can be made without factoring the work invested in accumulating art collections into the equation.

Now, it is very frequently stated that art prices are dictated solely by "the market," which supposedly leaves individual collectors very little room for autonomous decisions. Yet this belief in a uniform market is illusionary. There can be no uniform market for the simple reason that there is no uniform definition of art. If an artist decides to strive for financial success in the commercial, media-disseminated mass culture, he must necessarily adopt a certain range of content and a certain aesthetic form in which to convey it. If he wishes to convey more "provocative" content in a more "difficult" form, he can automatically expect his audience to be smaller, a minority and, if you will, elitist audience, but one which is also quite willing to pay an individually defined price for "difficult" art of this type.

So when people talk about "the art market" in general, they risk overlooking the immense variety it contains. Commercial movies, television programs, pop music, advertising and other art forms such as popular literature function under conditions most similar to those governing general commodity exchange. The greatest financial success is achieved by authors and works that prove most attractive to the largest audience. The individual financial contribution which the individual consumer of such works is willing to pay is small.

Therefore the financing of such enterprises depends on the size of the edition or the box-office proceeds. Accordingly, these arts tend, both substantially and formally, to repetition, imitation, tautology. They appeal to themes that "interest people" and employ aesthetic techniques that "appeal to people." And as this implies, such arts attempt to determine what and how "people" have always thought and felt, in order to tailor the art to the results of their investigation.

Now, there are many other arts that are subject to entirely different criteria of financial success – even though market success may also be involved. Paintings, sculptures, and in the meantime ready-mades and photographs, are sold not in large editions but as unique specimens or in very small editions. In this case, it is not wide dissemination but rarity that counts. The greater the substantial and formal originality and uniqueness of such works, the greater success they can be expected to have among a small circle of collectors, curators and critics, and the higher prices they will draw. What is appreciated in such special artistic objects is not their popularity on the open market but just the opposite, their inaccessible, enigmatic, "difficult" character. In fact their very lack of success on an open market accessible to a broad public can lead to recognition and high evaluation in the closed market of initiates and connoisseurs. By the same token, if an art work does too well on the open market, its value decreases on the specialist market. Success on one market leads to failure on another, and vice versa. Consequently, there is no such thing as a uniform market. People who speak of "the" market – and especially of "the" art market – are laboring under a new, universalizing delusion. Contemporary markets are every bit as fragmented as contemporary society as a whole.

Accordingly, there are no universal criteria for determining prices, only particular or partial ones, and these are often based on purely private decisions. These partial criteria are, as mentioned, basically identical with the corresponding aesthetic criteria. The conflict between the aesthetic and the economic is entirely fictitious: It arises only when different markets are confused with each other and works that circulate in one market are judged by criteria that hold for other markets.

So basically we can speak of "high art" only in connection with those arts which produce individual, discrete objects which for that reason remain inaccessible to a broad public, both aesthetically and economically. This is why the search for aesthetic originality is concentrated principally in those arts which do not rely on wide dissemination, which in turn enables them to radically and consistently represent what is known as aesthetic modernity. The visual artist can financially survive in contemporary civilization only when his art appeals to no more than a few – a handful of curators, dealers, collectors and critics. This orientation to the tastes of a few has lent visual art an aesthetic dynamic of which the arts whose financial success depends on the tastes of the many can only dream. Neither in literature nor in film have aesthetically "difficult" forms and techniques been able to establish themselves. The general public has not been able to recognize its own face in these difficult works.

In consequence, the contemporary art that has emerged from the twentieth-century avantgardes has become increasingly suspected of being anti-democratic, elitist, even conspiratorial. Influential authors such as Bourdieu or Baudrillard reject contemporary post-avantgarde art as being little more than an economic strategy that serves a pseudo-elitist taste and therefore eludes democratic legitimation. Now, what this argument does is criticize a closed market in the name of an open one, just as earlier, in the days of Clement Greenberg and the Frankfurt School, open markets were criticized in the name of a closed, elitist market whose clientele consisted of despairing intellectuals. What justifies such violent ideological attacks on the closed market? Why shouldn't a despairing intellectual be allowed, if he has earned enough money, to invest this money in nurturing his despair without suffering from a guilty conscience? From a purely economic point of view, criticizing society is certainly one legitimate lifestyle among many – and thus has the right to be catered to by a market that provides corresponding goods.

Yet the currently widespread anti-elitist polemics are not actually directed primarily against "the rich" in the name of "the poor," as it may appear at first glance. Being elitist is often confused with being wealthy. Even Clement Greenberg speaks about advanced art as being chained by a golden leash to the wealthy, who are in a position to appreciate this art and financially support it. Yet there are sufficient examples in the history of modern art to show that the few who support advanced art need not necessarily be the most wealthy. An artist can survive – though it may be at the subsistence level – when he has the financial support of a small circle of friends and patrons.

So the polemics against the elitist character of post-avantgarde art is directed not primarily against the rich, but against the sheer existence of closed markets which cut themselves off from open, mass markets. There is a deep mistrust of such isolated, closed minority markets, despite the fact that no one can say why an open, mass market should be better, or for that matter worse, than a minority market. This rejection of minority markets cannot be explained or justified in purely economic terms. In the context of economic ration- ale, there can be no difference between a market success that is "true" because legitimated by the open market, and one that is "false" because it takes place on an elitist market. We must conclude that the rejection of minority markets is of a purely ideological nature.

It would seem that a considerable and quite energetic fraction of current public opinion has projected the universal, utopian hopes they once placed, say, in socialism onto open, expanding, globalized, all-encompassing markets. This religious-ideological sublimation of the homogeneous market that links "people" everywhere with one another and enables an unlimited "communication" of everyone with everyone else, is the only way to explain the allergic reaction of certain authors to the obvious fragmentation of markets – particularly cultural markets. Although society has since learned to respect indigenous, "natural" minorities such as ethnic ones, it instinctively continues to reject "artificial" minorities whose cohesion is based on exclusive aesthetic preferences. This is why success on such exclusive markets is also rejected, for moral and ideological reasons, as being anything from dubious to charlatan.

What becomes manifest here is the intrinsic unity of aesthetic, ideological and economic strategies. Today it is no longer a matter, as it once was, of an opposition between commercial and non-commercial, market versus non-market, or of art-as-commodity versus true art, but of quite distinct and often even opposing market strategies that conform with the conditions of a pluralistic, fragmented, heterogeneous market. When artists and critics choose a particular aesthetic option, they simultaneously choose the market on which this option could have an economic chance – and exclude themselves from other markets in the process. This is why so many discussions on the aesthetics and economics of art seem so confused, and have to be carefully analyzed in order to understand them at all. When some people argue for open markets on which autonomous art can supposedly hold its own, they often do so on the tacit assumption of what type of art can survive on such open markets – a type of art with which they covertly sympathize. The same is admittedly true of those who advocate the protection of limited, exclusive markets, because they too have their aesthetic preferences and want them to have a financial chance.

So it would be extremely naive to argue that individual works of art must prove themselves in open competition on a free market, because this "one" free market does not even exist. Perhaps the most intriguing thing about modern art collections, if they are informed with sufficient passion and logic, is this: they withdraw from the general exchange of commodities, form black holes in the contemporary economy, subvert the homogeneous dictatorship of the market through personal evaluations and decisions, and make available to subjectivity that language which it tends to consider the most unlikely of all – the language of money. **BG**

Boris Groys
Sobre o coleccionismo na época moderna

Pelo menos desde o início da modernidade que a arte – que se pretende séria, exigente, de valor, arte superior – é produzida sobretudo para colecções, públicas ou privadas. Esta forte ligação da arte com a prática do coleccionismo determinou profundamente tanto as estratégias de produção artística como a percepção da arte moderna. Produzir arte, nestas circunstâncias, significa criar objectos que se diferenciem de outros objectos tanto pela sua duração como pelo contexto da sua existência socialmente garantida. Na nossa cultura a maioria das coisas é considerada finita e a sua finitude é aceite. Isto é o que se passa com os objectos do quotidiano, mesmo aqueles que consideramos especialmente bonitos. Os objectos de arte coleccionados são, nesta perspectiva, a única excepção significativa, pois uma colecção encerra a promessa de que os objectos em si contidos serão conservados e escaparão assim ao destino dos demais.

No decurso da época moderna houve um permanente debate sobre os critérios que diferenciam arte e não-arte. Ou, por outras palavras, foi permanentemente discutido que coisas, por que razão, mereciam a excepção de pertencer a uma colecção de arte – e quais não. Mas cada colecção, pública ou privada, constrói o seu próprio contexto de percepção, por vezes bastante peculiar, estabelecendo assim determinados critérios para a sua continuidade. E isso significa que a obra de arte que se enquadra numa colecção frequentemente se enquadra menos bem numa outra colecção. Ou dito de outra forma: a qualidade estética de uma obra de arte é uma dimensão que depende do contexto, que depende da colecção. O verdadeiro coleccionismo não é um mero adquirir de tudo aquilo que passa por ser esteticamente valioso. Bem pelo contrário, determinadas estratégias coleccionistas abrem novas perspectivas que nos permitem encontrar novas qualidades estéticas onde antes não as adivinhávamos. Os coleccionadores – quando se trata de bons coleccionadores – não são menos inovadores e menos imprescindíveis para o funcionamento da arte do que os artistas.

A colecção não serve apenas como preservação passiva do passado artístico. Cada colecção abre, sobretudo, a possibilidade da sua continuação. A colecção é um projecto virado para o futuro. E por este motivo é fundamentalmente utópica, futurista – promete-nos permanecer incompleta. E também o artista se vê assim forçado a pensar como um coleccionador e a permanentemente produzir novas obras de arte, que, se por um lado faltam ainda numa colecção, por outro podem constituir a sua continuação. Pensa-se frequentemente que o coleccionismo é uma actividade, digamos, conservadora, que não oferece espaço ao novo. Mas é precisamente o contrário. É em primeiro lugar através da colecção – que se constitui como uma série potencialmente infindável – que a obra futura é sugerida. Para que a inovação possa surgir, é necessário que exista sempre um lugar na cultura que possa vir a ser ocupado por essa inovação. A colecção oferece esse lugar: como possibilidade da sua própria continuidade, como espaço para o ainda não coleccionado. A dinâmica da arte moderna e contemporânea explica-se sobretudo através desta perspectiva de futuro, permanentemente aberta, que as colecções de arte lhe oferecem.

É claro que este é um conceito de colecção de arte que surgiu com a modernidade; é, no entanto, o nosso. A arte moderna retirou deste conceito todas as consequências possíveis; a mais extrema e consequente é sem dúvida o *ready-made*. E, de facto, se é a sua inclusão numa colecção que faz do objecto uma obra de arte, então, em última análise, qualquer coisa pode ser uma obra de arte. Para isso é apenas necessária uma decisão: que o coleccionador inclua esse objecto na colecção. Evidentemente que se pode argumentar que um tal acto, por si só, não basta e que o carácter da obra continua a ser um factor indispensável. Mas o que está em causa, no fundo, é uma ideia reguladora da moderna colecção de arte – uma ideia que, mesmo não se deixando concretizar da forma mais radical, determina apesar de tudo a dinâmica interna da arte na modernidade. E, assim, a oposição entre artista e coleccionador, que durante tanto tempo dominou a imaginação modernista, é potencialmente negada: o olhar do coleccionador era tradicionalmente tido como um olhar soberano, triunfando sobre o trabalho penoso do artista por ter o poder de julgar, de avaliar o trabalho artístico – e simultaneamente de o aceitar ou rejeitar. E, sobretudo, por ter o poder de atribuir à obra um preço.

No entanto, as posições do artista e do coleccionador na economia temporal do olhar também se transformaram ao longo da nossa época. Antigamente, o enorme investimento de trabalho, tempo e esforço necessário à criação de uma obra de arte tradicional dava uma enorme vantagem ao coleccionador do ponto de vista do tempo dedicado ao consumo de arte. Depois de o artista ter trabalhado na sua obra longa e laboriosamente, o coleccionador podia, sem qualquer esforço e apenas com um olhar, julgar a obra. Aí residia a tradicional superioridade do coleccionador sobre o artista-pintor como produtor de imagens. Graças à fotografia e ao *ready-made*, o artista encontra-se agora ao mesmo nível que o coleccionador na economia temporal do olhar, pois tem igualmente a possibilidade de produzir imagens instantaneamente. Entretanto, a *video-art* coloca o coleccionador perante maiores desafios. A câmara que produz as imagens em movimento pode registar essas imagens automaticamente, sem que o artista tenha de ocupar com isso o seu tempo. Assim, o artista tem uma clara vantagem de tempo: o coleccionador tem agora de dedicar mais tempo para a visualização e apreciação das imagens do que o artista necessitou para a sua produção. Precisamente por isso, ainda há bem pouco tempo se argumentou que o aparecimento do *ready-made*, da fotografia e da *media art* conduziria a uma enchente e à perda de valor das colecções. O espaço fechado da colecção parecia condenado a ser inundado pela produção em massa de imagens produzidas tecnicamente.

Não podemos, no entanto, esquecer que é a actividade coleccionista que produz o palco onde a subjectividade moderna se pode encenar através de todos os objectos de arte imagináveis, sejam eles de produção manual ou técnica. Esta afirmação não significa qualquer menosprezo pela subjectividade: apenas sob determinadas circunstâncias metafísicas mais do que duvidosas se pode chegar à convicção de que a subjectividade encenada é pior ou mais deficitária do que a "verdadeira" subjectividade. A subjectividade é produzida, é até o verdadeiro produto artístico da modernidade. Mas, enquanto produzida, ela não é menos "real" do que todos os outros produtos da civilização. Assim, o espaço livre fora do museu – a chamada "realidade" ou "vida" – é sentido por essa subjectividade como um espaço potencial de coleccionismo. Daí resulta uma paixão específica, bem conhecida e eminentemente moderna, pelo coleccionismo. Vista a partir da estreiteza bem iluminada dos espaços interiores de uma colecção, a realidade apresenta-se como uma soma de tudo aquilo que "ainda não" foi coleccionado, exposto, apercebido e reconhecido como arte e que por isso permanece oculto no escuro. Os objectos do mundo exterior exigem do coleccionador ser convertidos, salvos, redescobertos e trazidos para a luz. Estão em perigo e a subjectividade coleccionista sente-se convocada a libertá-los desse perigo e a conduzi-los para os espaços interiores da colecção. É também a partir deste espírito missionário que actuam as vanguardas artísticas do nosso século, que permanentemente levantam o protesto de que qualquer coisa "diferente" ainda não foi coleccionada, representada, exposta, iluminada e salva. Esta lógica interna da colecção manifesta-se no facto de bastar a simples constatação de que o objecto diferente é diferente – e por isso novo para a colecção museológica – para um valor artístico lhe ser atribuído. Sempre que, com motivações políticas, estéticas ou outras, se apresenta uma reivindicação para que o objecto diferente, reprimido, excluído seja aceite na colecção, esta reivindicação revela-se completamente supérflua, pois de qualquer forma ela resulta automaticamente da lógica interna da colecção.

Para o grande público, a figura do coleccionador é objecto tanto de admiração como da mais profunda suspeita: segundo este juízo, o coleccionador é alguém que mergulha na sua colecção, que se encerra no meio dos seus tesouros lá onde eles se albergam, isolando-se assim do público e criando uma distância intransponível entre si e os outros. O coleccionador persegue uma paixão acesa pelo seu tesouro pessoal, pelo seu património estritamente privado, excluindo-se assim da esfera da comunicação social generalizada. A colecção cria uma diferença, uma *descomunicação*, uma heterogeneidade no seio do espaço homogéneo das modernas sociedades de massas. Os valores que se acumulam na colecção também escapam à circulação generalizada de mercadorias – o fluxo ilimitado do capital moderno. Não é por acaso que a figura do coleccionador é tão odiada por certos autores modernos. Georges Bataille, por exemplo, celebra em muitos dos seus textos a perda dos tesouros, das riquezas, dos objectos de luxo – a dissolução das colecções privadas na infinita troca de todos os valores. O coleccionador é o inimigo do espaço totalizador e homogéneo da ilimitada capacidade de troca de todas as coisas. Ele cria o espaço especial, isolado, da sua colecção, escolhendo assim para seu património pessoal um outro destino, um destino próprio, que separa esse património do destino de todas as outras coisas. Para muitos, o acto de coleccionar parece, pois, um acto violento e injusto, que com toda a razão incita o ódio contra o coleccionador. Com alguma frequência, esse ódio manifesta-se directamente em expropriações legais levadas a cabo pelo Estado. Mas na maioria dos casos materializa-se apenas numa vaga antipatia dirigida contra qualquer diferenciação no destino das coisas, sobretudo contra toda a diferença de valores. Na nossa época, a arte é sobretudo entendida como uma espécie de comunicação social, apesar de ser quase óbvio que todas as pessoas necessitam de comunicar e que se esforçam por obter um reconhecimento comunicativo: se as diferenças culturais já não podem ser eliminadas, devem então, pelo menos, ser comunicadas. Ser diferente já não é negativo. Mas, pelo contrário, continua a ser negativo e anti-social querer furtar-se à comunicação.

No entanto, a diferença que pretende absolutamente ser percepcionada como tal, que se quer comunicar, já não é suficientemente diferente. Por isso a arte moderna e contemporânea do último século era tão interessante e radical, porque se afastava conscientemente das outras formas de comunicação social: *excomunicou-se* a si mesma. A não-compreensão da vanguarda foi voluntária, não decorreu de uma derrota comunicacional. A linguagem, inclusive a linguagem visual, pode ser utilizada não apenas como meio de comunicação mas também como meio de uma *descomunicação* estrategicamente planeada ou, precisamente da *auto-excomunicação*, quer dizer, de uma retirada consciente da comunidade dos comunicantes. E esta estratégia da *auto-excomunicação* é absolutamente legítima. Um artista pode perfeitamente querer estabelecer uma barreira linguística entre si e os outros, para ganhar distância crítica em relação à sociedade. E a autonomia da arte não é mais do que este movimento de auto-excomunicação. Trata-se de alcançar poder sobre as diferenças, de uma estratégia para produzir novas diferenças, em vez de ultrapassar ou de comunicar velhas diferenças. A autonomia da arte não significa de forma alguma um mercado de arte fechado sobre si mesmo, ou um sistema artístico específico entre vários outros sistemas sociais, como há bem pouco tempo Niklas Luhmann defendia num livro de sua autoria com o título bem característico *Kunst der Gesellschaft* (Arte da Sociedade). A arte deixa-se antes definir através da sua capacidade não apenas de constituir uma esfera específica da actividade social, mas também de dividir a homogeneidade da sociedade. Coleccionar arte oferece, de modo particularmente claro, um caminho para fugir ao mandamento da comunicabilidade total e nessa medida a possibilidade de construir um espaço privado de auto-isolamento. E sobretudo o modernismo, durante o qual a arte se tornou, de inúmeras perspectivas, hermética, oferece a oportunidade de desenvolver uma colecção que se feche amplamente aos outros e que permita estabelecer uma distância estética, mesmo que crítica, em relação ao universo social.

Porém, numa das suas funções e tal como anteriormente, o coleccionador permanece imprescindível para o grande público. Esta função consiste no estabelecimento do preço de uma obra de arte individual. O que não é de modo algum uma operação simples. Estabelecer um determinado valor pecuniário para uma obra de arte dá ao coleccionador a possibilidade única de quantificar, diferenciar e precisar o seu julgamento estético. Se esse código pecuniário não existisse, o julgamento estético reduzir-se-ia a uma escolha pouco emocionante entre um mero "sim" e "não", "bom" ou "mau", entre "eu gosto" e "eu não gosto". Para lá destas duas hipóteses não haveria lugar para uma avaliação diferenciada. Mas a atribuição de um preço a uma obra de arte traz consigo a possibilidade de julgar de forma muito mais precisa e subtil essa obra. Pode-se, por exemplo, dizer em relação a uma obra de arte "sim" por 1000 euros, mas "não" por 1200 euros. E um tal julgamento não significa necessariamente que aquele que o emite se prontifique a comprar a referida obra por essa quantia, caso a oportunidade se apresente. Com uma tal afirmação estabelece-se uma fronteira invisível de valor entre o sim e o não – se essa fronteira for ultrapassada, o julgamento de valor transforma-se no seu oposto. É verdade que uma tal delimitação é por um lado relativamente precisa, por outro altamente enigmática: como sabe o observador que distância separa o sim do não e como se deixa essa distância quantificar?

Não existe nenhuma lei objectiva de oferta e de procura para a obra de arte, da qual normalmente existe apenas um exemplar. É sabido que todas as considerações habituais para determinar o preço – que se prendem com o nome do artista, o quanto este é conhecido – se revelam em última análise altamente problemáticas. O número que determina a quantia de dinheiro que o observador "estaria disposto a pagar por esta obra de arte" é antes a expressão de um sentimento estético interior, puramente subjectivo, que simultaneamente é também,

se o podemos dizer assim, um sentimento monetário interior e subjectivo. Ao comprar uma obra de arte para uma colecção, manifesta-se uma dimensão subjectiva do dinheiro, uma ligação interior e enigmática entre número e emoção, que é necessariamente ignorada pela economia de funcionamento "objectivo" e que se reflecte apenas indirectamente em expressões ternas como "minha cara" ou "meu tesouro", mas perante as quais nos deveríamos questionar: cara – mas quanto?, tesouro – mas de que dimensão?

A questão da quantia exacta que está implícita no sentimento da atracção é normalmente reprimida nas chamadas relações interpessoais e permanece impronunciada. Outra coisa se passa na área do coleccionismo de arte. Não se sabe de facto se o preço desta obra específica é 1000 euros. Mas sente-se. Trata-se, como se disse atrás, de um sentimento estranho, enigmático – o sentimento interno de uma presença monetária oculta em todas as coisas. Este sentimento desenvolve-se através de uma pergunta constante e involuntária: "Como me sinto em presença dos objectos que custam tanto ou tanto?". Frequentemente perguntamo-nos ou perguntamos a outros, quando por exemplo entramos numa casa estranha, "quanto achas que custou esta casa?". Esta pergunta não se destina em primeira linha a descobrir quão rico é o dono da casa ou como andam os preços imobiliários na região em causa. A questão que se levanta é antes de como nos sentimos numa casa que custou um milhão (em que moeda é um pormenor sem importância). E queremos saber se essa sensação não é ilusória.

Esta sensação de estar em presença de uma determinada quantia de dinheiro acomete-nos, na nossa civilização, em todo o lado: em restaurantes, museus, lojas e até em plena natureza, porque a natureza, hoje em dia, tornou-se cara. Visto desta perspectiva, este sentimento é o mais íntimo de todos os nossos sentimentos. Atribuir um preço a uma obra de arte não significa, pois, de forma alguma abstrair-se da emoção e da experiência estética e passar ao negócio puro e duro. Perante uma obra a questão que se coloca no nosso interior é muito mais: "Como me sinto em presença desta obra?". Nesse processo, lembramo-nos por certo de outras obras e de quais os sentimentos que nos despertaram interiormente e de qual foi o seu preço. Mas lembramo-nos também de certas casas para as quais fomos convidados, de viagens que fizemos, de restaurantes onde estivemos, e lembramo-nos do que sentimos e dos preços que pagámos. A experiência de toda uma vida pode resumir-se, pois, à avaliação: na presença desta obra sinto-me como alguém se sente em presença de 1000 euros – nem um cêntimo mais, nem um cêntimo menos.

Um amigo meu, artista, disse-me uma vez que nenhum crítico de arte pode entender o objecto artístico, pois entendê-lo verdadeiramente significa comprá-lo para a sua própria colecção – e de modo algum escrever sobre ele. Dizer o preço que se está disposto a pagar, do seu próprio bolso, por uma determina obra é a única hermenêutica à medida da arte. Simultaneamente, nada mostra de forma mais clara o papel extremamente complicado que o dinheiro detém na nossa economia psicológica do que o sentimento profundamente paradoxal com o qual o observador contemporâneo avalia a presença do valor pecuniário nos objectos. Sobretudo obras ou quadros pobres em sinais de sucesso mundano, de fausto, de riqueza "externa" possuem desde o início da vanguarda clássica a enorme oportunidade de serem diagnosticados como lugares onde a verdadeira grande riqueza se manifesta. A ausência da sensação directa de valor pecuniário é aqui paradoxalmente interpretada como presença oculta do dinheiro. Tal como o monge da Idade Média sentado no chão nu da sua cela fria dizia: "Também aqui" – significando "sobretudo aqui" – "está Deus", se diz hoje perante um quadro onde não existem quaisquer sinais de uma tradição clássica valorizada: também isto custa dinheiro, e especialmente por isso, muito dinheiro. O dinheiro transforma-se aqui numa força interior toda-poderosa que por isso mesmo se manifesta sobretudo no mais pequeno e no menos óbvio.

Sem esta nova e genuinamente moderna mís-

tica do dinheiro, a arte moderna é impensável, pois não pode e não quer mostrar exteriormente, visualmente o seu valor intrínseco. A arte moderna parece ter-se transformado na revelação do segredo mais profundo do dinheiro: não se pode nunca determinar o verdadeiro preço das coisas através da sua observação exterior; o dinheiro é um segredo que se esconde. Ou seja, o verdadeiro opositor de Marx neste século é Duchamp. A arte de Duchamp, de Warhol e dos que se lhes seguiram é uma arte paradisíaca, que nega a inevitabilidade do trabalho e em vez disso promete reconhecer um valor pecuniário existente desde sempre – ou seja, antes de qualquer emprego suplementar de força de trabalho – em cada coisa e em cada pessoa e torná-lo manifesto. Como dizia Beuys, cada pessoa é um artista, o que de facto significava, cada pessoa é uma obra de arte. Os *ready-mades* duchampianos prometem a única "utopia real", que se pode medir lado a lado com a promessa do comunismo, e que oferece uma alternativa eficaz ao marxismo: a promessa a cada um de poder ser incluído numa colecção.

Não podemos, no entanto, esquecer que, se na prática, na época contemporânea, o investimento individual de trabalho por parte do artista numa determinada obra de arte diminui constantemente, isso deve-se apenas ao facto de simultaneamente haver um investimento cada vez maior de trabalho na constituição de colecções de arte, assim como na construção de espaços para as albergar, na conservação e no restauro das peças, etc. A produção de valor sem trabalho revela-se, no fim de contas, uma ilusão. O que se passa não é que o simples, o "pobre" objecto do quotidiano manifesta o seu valor oculto, inclusive o seu valor monetário, como consequência de uma atribuição "idealizada" de um estatuto artístico. Mas sim que a esse objecto vai ser acrescentada a mais-valia retirada do trabalho que foi investido na construção e conservação da colecção para onde esse objecto foi transferido. Esta constatação, aliás, oferece a possibilidade de desenvolvimento de uma economia política da arte moderna que ultrapassa o discurso confuso e descomprometido do "capital simbólico" e da "crítica das instituições", na medida em que entende a delimitação entre arte e não-arte não como uma fronteira determinada de forma "idealista" mas sim construída de forma "materialista". A pretensão da arte moderna de representar uma criação paradisíaca para lá do trabalho não pode ser avaliada de forma adequada, a não ser quando é tido em conta o investimento em trabalho na construção de uma colecção de arte.

Hoje em dia defende-se frequentemente que na nossa época é apenas "o mercado" que dita os preços – o que deixaria ao coleccionador muito pouco espaço para uma decisão autónoma. Mas essa crença num mercado de arte unificado é por seu lado ilusória. A existência de um tal mercado unificado revela-se logo à partida impossível, porque não existe um conceito de arte consensual. Quando um artista se esforça por conseguir sucesso económico na cultura massificada comercial e difundida pelos meios de comunicação, decide-se necessariamente por determinados conteúdos e por uma determinada forma estética. Caso os conteúdos sejam mais "provocatórios" e a forma mais "complexa", então o artista deve contar logo à partida com um público mais reduzido, minoritário e, se quisermos, elitista, que está preparado para pagar por essa arte "complexa" um preço definido individualmente. Ou seja, ao falar do "mercado da arte" enquanto tal, corre-se o risco de ignorar a imensa diversidade desse mercado. Filmes comerciais, emissões televisivas, música *pop*, publicidade e outras formas artísticas, como, por exemplo, a literatura, que se destinam ao grande público, funcionam na condição de se assemelharem o mais possível ao intercâmbio generalizado de produtos. O maior sucesso económico é, pois, alcançado por aqueles autores e obras que se mostram atractivos para um público tão vasto quanto possível. O contributo financeiro individual que cada consumidor dessas obras paga é diminuto. Por isso, a dimensão da tiragem é essencial para o financiamento dessas artes. Em conformidade com isso, essas artes tendem também para a repe-

tição, a tautologia, tanto formalmente como no seu conteúdo. Apelam a temas que "interessam as pessoas" utilizando métodos estéticos que são "atractivos para as pessoas". E isso significa: estas artes procuram determinar o que as pessoas sempre sentem e pensam (e de que modo), para reproduzir artisticamente o resultado desta pesquisa.

Muitas outras artes estão sujeitas a critérios de sucesso económico totalmente diferentes, mesmo se se trata também de um sucesso de mercado. Obras pictóricas, esculptóricas, mais tarde também *ready-mades* e fotografias não são vendidos em grandes tiragens mas como exemplares únicos ou em tiragens muito reduzidas. Neste caso o que conta não é a difusão, mas pelo contrário a raridade. Quanto mais exclusivas e únicas são essas obras, tanto formalmente como no seu conteúdo, maior é o seu sucesso em pequenos círculos de coleccionadores, comissários e críticos e mais elevados os preços que podem atingir. Aquilo que se preza em tais objectos artísticos únicos não é a sua divulgação no mercado livre, mas pelo contrário, o seu conteúdo oculto, hermético, a sua inacessibilidade, complexidade. Neste caso é precisamente o seu insucesso no mercado livre, aberto ao grande público, que conduz ao reconhecimento e à apreciação no mercado exclusivamente reservado aos iniciados. Se uma obra de arte é bem aceite no mercado livre, o seu valor decresce no mercado especializado. O sucesso num mercado conduz ao insucesso no outro – e vice-versa. E isso significa: não existe, de todo em todo, um mercado único. Quem fala sobre "o" mercado – especialmente sobre "o" mercado da arte – caiu numa nova utopia, uma utopia totalizadora. Os nossos mercados são tão fragmentados como a nossa sociedade. Consequentemente, não há critérios generalizados de estabelecimento dos preços, mas apenas decisões parciais e muitas vezes de carácter absolutamente privado. Estes critérios parciais são, como já afirmámos, basicamente idênticos aos critérios estéticos. O conflito entre estético e económico é completamente fictício: surge apenas quando se misturam mercados diversos entre si e se julgam as obras que circulam num dos mercados com os critérios válidos para outros mercados.

Assim, basicamente, só podemos falar de uma "arte superior" em relação às artes que produzem objectos únicos e que por isso se encerram ao grande público não só esteticamente como também economicamente. Por isso, a procura de originalidade estética se limita a estas artes independentes da dimensão da edição e que por esse motivo podem também representar radical e continuamente aquilo a que se chama a contemporaneidade estética. Na nossa civilização, o artista plástico pode sobreviver economicamente, mais ou menos bem, quando a sua arte agrada a poucos – apenas a alguns comissários, galeristas, coleccionadores e críticos. Esta orientação para o gosto de uns quantos deu às artes plásticas uma dinâmica estética com que não podem sequer sonhar as artes que dependem para o seu sucesso económico da adesão de muitos. Tanto na literatura como no cinema, formas e processos esteticamente "complexos" não conseguiram impor-se. O grande público não se reconheceu nessas obras difíceis.

Consequentemente, a arte contemporânea que resulta directamente das vanguardas do séc. XX está na nossa época sob a forte suspeita de ser antidemocrática, elitista e até conspiratória. Autores como Bourdieu ou Baudrillard rejeitam como estratégia económica a arte pós-vanguardista contemporânea que está ao serviço de um gosto pseudo-elitista e que por essa razão se furta a uma legitimação democrática. O mercado fechado é aqui criticado em nome de um mercado aberto, tal como antes, nos tempos de Clement Greenberg e da Escola de Frankfurt, os mercados fechados tinham sido criticados em nome de um mercado fechado, elitista, cuja clientela era constituída por intelectuais desesperados. Mas a questão que se coloca é: com que direito este mercado fechado é agora ideologicamente tão atacado?, porque é que um intelectual desesperado, se ganhou dinheiro suficiente, não pode em boa consciência investir esse dinheiro no cultivo desse

desespero? De uma perspectiva meramente económica a crítica social é, sem qualquer dúvida, um estilo de vida perfeitamente legítimo entre tantos outros e tem por isso o direito a um abastecimento correspondente por parte do mercado com bens específicos.

De facto, a polémica anti-elitista hoje instalada nem sequer se dirige contra os "ricos" em nome dos "pobres", como poderia parecer à primeira vista. Frequentemente confunde-se pertencer à elite com ser rico. Mesmo Clement Greenberg afirma que a arte avançada está acorrentada com uma correia dourada aos ricos, que estão em condições de a apreciar e apoiar financeiramente. Mas a história da arte moderna dá-nos inúmeros exemplos demonstrativos de que os poucos que apoiam a arte avançada não são necessariamente os mais ricos. Um artista também pode sobreviver economicamente – embora talvez no limiar da sobrevivência – quando apoiado financeiramente por um círculo de amigos e de mecenas que não possuem grandes fortunas. A polémica contra o carácter elitista da arte pós-vanguardista não se dirige, pois, em primeiro lugar contra os ricos, mas sim contra o aparecimento de mercados fechados desligados dos mercados de massas abertos e unitários. Há uma desconfiança contra esses mercados de minorias, fechados e isolados, apesar de simultaneamente ninguém ser capaz de dizer porque se considera o mercado aberto de massas melhor ou pior do que um mercado para uma minoria. Uma tal negação do mercado de minorias não é explicável a partir de um raciocínio puramente económico. No âmbito de uma racionalidade económica não pode haver qualquer diferença entre um sucesso de mercado "certo", porque legitimado pelos mercados abertos, e um sucesso de mercado "errado" e elitista. A condenação dos mercados de minorias é, pois, de natureza meramente ideológica. Uma fracção específica e sem dúvida muito enérgica da opinião pública contemporânea transpôs para o mercado aberto, globalizador, expansionista, e que tudo abrange as suas esperanças utópicas e totalizadoras, anteriormente investidas, por exemplo, no socialismo. Só esta transfiguração ideológico-religiosa do mercado universal, que une todas as pessoas e que cria uma comunicação de todos com todos, pode explicar porque é que determinados autores reagem de forma quase alérgica à óbvia fragmentação dos mercados, sobretudo dos mercados culturais. E se a nossa sociedade, entretanto, se habituou a respeitar minorias tradicionais, "naturais", como por exemplo as minorias étnicas, continua por outro lado a rejeitar de forma quase instintiva as minorias "artificiais" que se formam através das suas preferências estéticas exclusivistas. Por esse motivo, também o sucesso em tais mercados exclusivos é rejeitado por razões de ordem moral e ideológica como sendo uma "tolice".

A unidade interna entre estratégias estéticas, ideológicas e económicas está aqui manifesta. O que está em causa hoje em dia já não é, como antigamente, a oposição entre comercial e não-comercial, mercado e não-mercado, mercadoria e verdade, mas sim estratégias completamente diferenciáveis e por vezes até opostas sob as condições de um mercado plural, fragmentado e heterogéneo. Quando artistas e críticos se decidem por uma determinada opção estética, escolhem simultaneamente o mercado no qual essa opção poderá ter uma oportunidade económica – fechando-se, na mesma ocasião, a outros mercados. Por isso tantas discussões estético-económicas tomam formas tão pouco transparentes e têm muitas vezes de ser cuidadosamente analisadas para poderem ser compreendidas. Assim, quando alguns defendem um mercado aberto onde a arte terá de se afirmar autonomamente, fazem-no muitas vezes apenas porque adivinham que espécie de arte poderá sobreviver nesse mercado aberto – e secretamente simpatizam esteticamente com essa espécie de arte. E o mesmo se aplica aos que se manifestam a favor da protecção dos mercados exclusivos, pois também eles têm uma preferência estética, à qual querem dar uma oportunidade económica. Seria, pois, muito ingénuo presumir que as obras de arte únicas teriam de se impor em concorrência aberta num mercado livre, pois esse mercado "único" não existe de todo em todo. Talvez resida aí o maior fascínio das colecções de arte moderna, quando estas são orientadas com suficiente paixão e de forma consequente: elas furtam-se à circulação generalizada da mercadoria, constituem buracos negros na economia actual, infiltram-se na ditadura unificada de mercado através de avaliações e decisões pessoais e colocam ao serviço da subjectividade a linguagem que para elas parecia a menos provável: a linguagem do dinheiro. **BG**

Petra Kipphoff
The Collector Leads the Way

1

Let us begin with two pieces of art news from the summer of 2001, both relating to the topic of collectors and their achievements.

For his activity as a "significant art patron," Erich Marx, a Berlin collector, was awarded the Grand Cross of Merit by the Federal Republic of Germany. Of the approximately 1000 works in his private collection, 183 are currently on view as long-term loans at Hamburger Bahnhof, a branch of the Berlin Nationalgalerie. Over the past five years more than a million visitors have seen these paintings and sculptures. This is what earned Marx the honor. An act of state, performed in appreciation of an art collector.

Sotheby's of London announced the auction of the collections of William Hesketh Lever, 1st Viscount Leverhulme (1851-1925). Not only "one of the greatest collections of British art" was up for sale but Thornton Manor, the collector's home and location of his collections, including outbuildings, stables, gardens and a park – an estate of about 60 acres all told. The end of a collection.

Erich Marx's descendants will never find themselves in the plight of the last heirs of Viscount Leverhulme. Marx arranged everything during his lifetime, dividing his collection among family members and the nation, as an art patron, at least partially. Viscount Leverhulme was a passionate art lover, an aesthete, connoisseur and philanthropist who created a wonderful environment for himself with exquisite furniture, Chinese porcelain, clocks, antiques of every description, sculptures and paintings, especially early nineteenth-century Pre-Raphaelite works. After his wife's death, the paintings went to the nation. When the family line died out, the remainder of the collections came under the gavel.

Two antipodal collecting temperaments, each naturally influenced by and typical of his era. Marx was a self-made man with a background in law. When he left southern Germany for West Berlin in the mid 1960s, a hothouse climate of a very special kind prevailed there. Much longer than elsewhere in the country, the consequences of the last war remained glaringly evident in the divided and isolated city. Yet it also offered attractive conditions and financial incentives for entrepreneurs. A lot of money could be made overnight on the West Berlin real estate market in the 1960s and '70s. Clever brokers and flexible bankers cooperated in the shadow of the Wall.

Earlier than in any other German city (excepting Cologne and its monolithic Peter Ludwig), there emerged a group of collectors whose reputation had spread beyond the city's borders by the 1970s. They included Hans-Hermann Stober, Otto Pöhlmann, Georg Böckmann, Hartmut Ackermeier – and Reinhard Onnasch. All initially focussed on the local scene, discovering their first enthusiasms, collecting young Berlin artists of the day such as Markus Lüpertz, Georg Baselitz, Karl Horst Hödicke and Bernd Koberling. And then they made the leap westwards, which often, and rapidly, took them to New York.

Reinhard Onnasch was the youngest of these Berlin collectors of the first hour. He was born in 1939 in Görlitz, an old city in the difficult German-Polish frontier region. In 1949 he moved to Kiel in West Germany, graduated from high school, and went on in the early 1960s to Berlin. Onnasch worked in the burgeoning field of housing construction and real estate, but in 1969 he also opened a gallery on Kurfürstendamm, surely anything but a side street. In other words, unlike the majority of today's collectors, Onnasch became involved in art at a very young age, with an eye to correlating his profession with his passion. "I approached the thing as a non-expert," he once admitted, and he soon discovered that loving art and making a living from it were two quite different things. Real estate continued to offer the security he needed, for, as Onnasch recalled, "I never was able to make a success of the gallery. The art I was committed to just didn't move."

Yet despite the disappointing sales record of his Berlin start, Onnasch had an excellent nose for business. In 1970 he moved to Cologne. Thanks largely to the inauguration of the Cologne Art Fair in 1968 and the activities of Peter Ludwig, whose major Pop Art collection was presented to an astonished public in 1969, Cologne seemed to be a promising venue for contemporary art. In the early 1970s Onnasch opened a second gallery, in New York, the first German to do so after the war. He brought German artists to America and American artists to Germany. The first Americans he exhibited were Hans Hofmann, Arakawa, Richard Artschwager, Edward Kienholz, George Segal and William Copley. George Brecht, Michael Heizer and Richard Serra followed. In New York, Onnasch showed the then unknown Gerhard Richter, whose forty works elicited no response and remained on the walls. Bernd Koberling, C. O. Paeffgen, Erwin Heerich, John Wesley, Lowell Nesbitt, Gianni Piacentino and Hubert Kiecol were next on the list.

The Onnasch Collection is very colorful, full of contrasts and possibly therefore more idiosyncratic than other comparable collections. This may be partly explained by the dry fact that Onnasch did not begin as a wealthy man, like the next generation of collectors and those of our own day, but as a dealer who initially hoped to earn a living from his gallery. But then there is his simple penchant for sharp contrasts. Claes Oldenburg's painted plaster objects and insouciantly garish soft sculptures are represented in many, still strikingly funny examples. Yet also present are Bill Copley and C. O. Paeffgen, two rare clowns and crafters of comic-based fine art, and finally George Brecht and Bruce Connor, two colleagues of Kienholz whose rank has never really been appreciated in Europe. In contrast, we find an interest in the strangely denatured, distorted, antifunctional furniture of Richard Artschwager and Stefan Wewerka, in Michael Heizer's early purist conceptual pieces, in Dan Flavin's fluorescent installations, and finally in early works by Richard Serra, steel plates or sheets of lead lying on the floor or propped against a wall or in a corner, in precarious positions and combinations that cause the viewer to ponder on the workings of gravity.

It is hard to imagine all these objects housed in a single building. But not only because of their number, like the Marx Collection or, to give a more recent example, the Brandhorst Collection, which is on the verge of exploding the still unfinished new building of the Munich Pinakothek of Modern Art. No, this is largely due to the constitution and character of key works and segments of Onnasch's collection.

Onnasch was one of the early advocates of Ed Kienholz, largely as a result of the special Berlin situation. In 1975 Kienholz was a guest of the Berlin Artists Program of the German Academic Exchange Service (DAAD), and during his time there discovered that Berlin, with its war-scarred face, ruins and flea markets, was the place for him. After his fellowship was over he rented an apartment and regularly spent the winter months in Berlin until his death in 1994. Similarly to Richard Serra, by way of Germany Kienholz won reputation and fame in other European countries and finally in America.

The two major collectors of Kienholz's work are based in Berlin, and of the two, Onnasch has probably amassed the more significant collection. Again, not because of sheer numbers but because it includes some of the key early works and what many consider Kienholz's most important piece, the marvellous *Roxy's* (1961).

When *Roxy's* was first shown in Germany, in 1968 at the Kassel Documenta and the Kunsthalle Düsseldorf, it was described in the catalogue as "bric-a-brac, goldfish, incense, disinfectant, perfume, music box, clothing, etc." What an understatement! *Roxy's* is a walk-in nightmare, furnished with the remnants of marginal lives – worn carpets, warped lamps, musty armchairs, a cloying music box, disintegrating crochetwork, defunct houseplants, and much more. Beneath a photo of General McArthur on the wall, the room is inhabited by humanoid mannequins composed of parts of display dummies, wire, artificial limbs, fiber-glass, and objects such as a hot-water bottle, a garbage can, a burlap bag and a clock, and arranged in tortuous positions (such as draped over a sewing machine). Everything is second hand – the materials and the real-life scene they evoke.

The plot you can imagine spinning itself out in *Roxy's* is embodied by the pro-tagonists themselves: "Madame" (with a wild boar's skull for a head), "Dianna Pool (Miss Universal)", "Cross-Eyed Jenny", "Miss Cherry Delight", "Five Dollar Billy", "Fifi" (a fallen angel), "Ben Brown", and a lady by the name of "Zoe". You see a battlefield of life, suffused by a mixture of mustiness and fragrances (which always were of great importance for Kienholz), with soft music playing somewhere in the background. Bertolt Brecht would have loved *Roxy's*. Formerly but no longer enterable, the piece is an attraction of the Onnasch Collection and the Neues Museum Weserburg in Bremen, where it has fascinated and irritated viewers since the inauguration of this collectors' museum in 1991. Without Kienholz the art of the environment would be inconceivable, from Ilya Kabakov's celebrated and endlessly repeated spaces of memory to everything that came after.

One might describe the assemblages of materials, the decomposition works of Diter Rot (a.k.a. Dieter Roth) of which Onnasch has a great number, and George Segal's white plaster figures in their home and work settings, as joining Kienholz's environments in a brotherhood of banal horror. The works of Richard Serra or Erwin Heerich would seem to occupy the opposite camp, despite a certain emotional affinity with Kienholz reflected in the latent violence contained in heavy iron plates in precarious balance or propped against another, heavier element.

Formally and aesthetically, however, these pieces belong to the geometrical abstractions of Conceptual Art. This field is represented in the Onnasch Collection by key examples by Carl Andre, Donald Judd, Dan Flavin and early sculptures by Michael Heizer, and is also reflected in Erwin Heerich's corrugated cardboard pieces. The English Op artist Bridget Riley and her countryman, Land artist Richard Long, the former's virtually vibrating color-striped canvases and the latter's orderly, disordered arrangements of stones, also belong to this art of calculation in the widest sense. Because these conceptions in the spirit of number rely on the active, imaginative contribution of the viewer to release them from their occasionally puritan rigidity and reserve.

The case is very different with works which rely on the free flux of reality or surreality, and in which form and color are not delimited by the ruled line. And works of this character and temperament in fact predominate in the collection of Onnasch, whose stay in New York and discovery of Pop were quite evidently an eye-opening experience.

He came from a Europe in which abstract art dominated among discerning circles, not only because it reflected faith in progress and the emancipation of art but because Hitler's devastating verdict against abstraction and his edict prescribing an art of so-called natural beauty and popular understandability had brought discredit on realism as an art form. American art of the 1950s had also emerged from an attitude of distrust against realism, but it possessed its own, extremely vital character. New York and the eponymous Abstract Expressionist school, with painters like Jackson Pollock, Robert Motherwell, Barnett Newman, Clyfford Still and Mark Rothko, had for the first time established an autonomous American art that was no longer beholding to any European heritage or ideal. It was a triumph. Yet for the following generation, it was also a reason to mount resistance, to venture in new directions, which this time were to have transatlantic reverberations.

The launching of Pop in the 1960s, a reaction to Abstract Expressionist pathos in particular and to the rest of the world in general, was a liberating action like none ever before seen in art history. And the world reacted promptly and enthusiastically. "The art of those years broke over us like a storm," wrote Peter Ludwig in the foreword to the catalogue *Kunst der sechziger Jahre*, then eloquently described how he was overwhelmed by Pop and its consequences. Onnasch, though similarly taken with Pop, was not so much interested in tendencies, movements and anti-movements as in individual personalities (as witnessed by his conversation with Dieter Honisch, in the exhibition catalogue *Aspekte der Kunst der sechziger Jahre – Aus der Sammlung Onnasch*). He acquired works by Robert Rauschenberg, Claes Oldenburg, Andy Warhol, Tom Wesselmann, Jim Dine, Mel Ramos, Ed Ruscha and Larry Rivers, art derived from the mundane environment, supermarkets, billboards and the street, which radiated a new sense of freedom and vitality that is still as fresh as ever despite the many years and cheap thrills for all that have since passed into history. Onnasch was caught up in this mood, kept his eyes open, felt free to accept the unusual. And, with his decision in favor of Ed Kienholz, George Brecht and Bruce Connor, he made the move to the West Coast, to California, which for a long time was beneath the dignity of New York connoisseurs and for many Europeans still is.

With its approximately 1000 paintings and sculptures, its masterpieces and lesser works, the Onnasch Collection is one of the most significant of its kind and – thanks to its focus on Kienholz alone – has a quite unique profile, which truly cannot be said of every contemporary art collection. What I like about this collection is its freerunning taste, which is reflected not in any strict specialization but in a penchant for artists of the margins of the mainstream. Onnasch has intensively collected the erotico-comic paintings of Bill Copley, for instance, and with George Brecht he has focussed on an artist in whose surreal object-collages the sound of the Beat Generation and the California feeling for life reverberate. (All the more strange that one so seldom comes across Brecht in California museums.) Another sympathetic aspect of the Onnasch Collection is the extensive presence of an artist who seems entirely absent elsewhere on the scene: Gianni Pacentino. That needs a lot of character.

Onnasch refers to his collection as his "inventory," a dry word that conforms with the fact that he has always been a gallery owner foremost. He has never bought art for the home, but always for museums to which he hoped to make a sale. Although interested in extreme artists, he never, as he says, "sought contact with the artist." And why not? "I try to view art as a result of the artist's work and to abstract it from the person. If I become involved with the person, I can't completely concentrate on the work." This attitude distinguishes Onnasch from his more recent collector colleagues, for whom the road to art must needs be paved by rubbing shoulders with the artist over a beer and the social round from studio to vernissage. And who, for that reason, frequently have no access to the art of a dead past.

Onnasch, in contrast, now finds it important to "work backwards," and in recent years has bought such artists as Hans Hofmann and Clyfford Still. Nor is he interested in social appearances or connections in which art and life are confused. Collectors, he feels, have of late come too much into the limelight anyway, not to mention those art buyers who have been in the business for a few years and then think they are ready for a major exhibition.

Onnasch is not one of those collectors who want a building, a museum exclusively reserved for their own collection. Although at one point he did have the idea in mind, when plans for the Neues Museum Weserburg in Bremen were under discussion, the conception soon changed to that of a museum to house several collections. The collectors' museum project has proven viable, despite the problems and occasional dissonances naturally faced by this community of diverse minds and ambitions, and especially by its director. A second museum of the type has since been inaugurated in Karlsruhe, on the basis of the Froehlich, Rentschler, Weishaupt and Grässlin collections. Onnasch, for his part, has conscientiously distributed his "inventory" as long-term loans among museums in Bremen, Hamburg, and Mönchengladbach; a considerable portion remains in the Cologne storage space, which other collectors also use for their surplus. Meanwhile, at Onnasch's home in Berlin, the lady condemned by Duane Hanson to forever remain under her hair dryer sits, smoking.

2

Museums, audiences and art have profited from the collector's readiness to lend his works, naturally on the basis of sound contracts. Will this continue to be the case? Only Onnasch knows. And at this point, he understandably prefers not to talk about it. For a collector, everything is in flux anyway. When eleven collectors joined forces in 1991 to create a museum of contemporary art at the Bremen Weserburg, it became obvious for the first time in Germany that collectors, at least collectors of contemporary art, have little desire to sit at home admiring their *Darlings* (thus the title of an exhibition from private collections scheduled this summer at Schloss Morsbroich near Leverkusen). No, they would rather move them and show them.

In addition, as has also recently become evident in Germany, many collectors not only wish to be visible on the scene but to exert an influence on arts policy. For instance by requesting a publicly financed building for their works of art, or at least their own museum department on its own floor. Take Lothar-Günter Buchheim, who for years negotiated with cities and museum directors about the accommodation (not donation) of his Expressionist and curiosities collection, but repeatedly withdrew at the last moment. In the meantime he has been able to celebrate the inauguration of his Bavarian State Buchheim Museum on Starnberger See. An example to the contrary would be Bernhard Sprengel, a patron who donated his collection of classical modern art to his native city of Hannover, and who also subsidized the cost of building a museum, which opened in 1979.

What is an art collection? "Every accumulation of natural or artificial objects which is temporarily or permanently removed from the cycle of economic activities...," writes historian Krystof Pomian in his tract *The Origin of the Museum – Concerning Collecting* (1986). Pomian then adds that the paradoxical thing about collections is that "they possess an exchange value without having a use value." A definition that explains why the subject of collectors and the public sphere is currently so interesting and controversial. Because in the same period as government support for museums has stagnated, the number of collectors and their presence in national and state museums has increased. An ideal situation, one might be tempted to think. But also a problematical one, as practice has occasionally shown. In any case, it is an opportunity and a situation for which no hard and fast rules exist, because what we are dealing with is a well-nigh undefinable subject and, concomitantly, with personalities who resist classification.

At what point does an accumulation of works of art become a collection? Walter Benjamin, who had no opportunity to accumulate material property, collected his thoughts, the fruits of his reading, and his impressions. In his book *Passagenwerk* (edited posthumously in 1982), he writes, "The decisive thing about collecting is that the object is divorced from all of its original functions, in order to enter the closest relationship imaginable to others of the same kind. This is the diametrical opposite to utilization, and belongs in the strange category of completeness." A sensitive, cool statement on what has since become a hot topic.

"A collection begins at the point when it no longer fits into the house," says the collector Frieder Burda prosaically but with healthy self-confidence. Scion of an influential Offenburg publishing family, Burda has previously exhibited portions of his collection (which focusses on Gerhard Richter, Sigmar Polke and Arnulf Rainer) or lent them to museums. Now he is planning to build his own museum, in the city of Baden-Baden where he resides, next to the Staatliche Kunsthalle. His collection, Burda states with refreshing candor, is a "festive illumination for my ego," and this festively illuminated art event, he believes, should be open to anyone who wishes to enjoy it.

The history of collecting in postwar Germany, especially as regards contemporary art, began with Karl Ströher. An industrialist of Darmstadt, Ströher began in the 1950s with Kandinsky and Klee, the German Expressionists, with Willy Baumeister, Rolf Nesch and E. W. Nay, with Henry Moore and Lynn Chadwick. One senses a sympathetic openness, but also a certain indecisiveness, when one leafs through the catalogue of this collection today. The collection went on public view in Darmstadt, in 1970, under the then up-to-date title *Bildnerische Ausdrucksformen* [Forms of Visual Expression]. Subsequently the storm of Pop broke over Ströher, as it had over Peter Ludwig. In New York he purchased, *en bloc*, the Kraushaar Collection, the earliest and most spectacular collection of American Pop Art, in which all the great names from Johns to Warhol were represented. But Ströher did something else remarkable: in 1969 he bought, from the artist, a group of works known as the "Beuys Block," comprising two-thirds of Beuys's entire oeuvre, which he pledged to exhibit, donate or sell only in its entirety. Ströher desired to make his entire collection available to the Darmstadt Museum in an annex, but the state government of Hessen refused to approve construction. The Pop collection of Ströher, who never wanted to be a public figure, was sold after his death and is now, in large part, in the Museum für Moderne Kunst in Frankfurt. The "Beuys Block" was acquired by the nation for the Hessisches Landesmuseum, Darmstadt.

Peter Ludwig was born in 1925, and was thus 35 years younger than Ströher. Except for their shared love of American Pop, the two collectors could hardly have been more different. Ludwig and his wife, Irene, both had degrees in art history, and apparently loved the activity of collecting as much as the things collected. Yet rather than collecting for their own benefit, they did so solely for selected museums. They acquired ancient Greek vases, Aztec ceramics, incunabula and codices, Meissen porcelain, paintings of classical modernism, and contemporary art from Europe, North and South America, Eastern Europe and Asia. And they distributed these treasures from Vienna to Basel, Aachen, St. Petersburg and Budapest, from what was then still East Berlin to Cologne. From their base in Cologne, the Ludwigs continued unswervingly to expand their family bastion.

The Ludwigs' collection of Pop Art was initially displayed in the Wallraf-Richartz Museum, which itself was housed in a sort of emergency quarters. Then, in 1986, came the move of the 284 works of art – donated in the meantime to the city – to a new building next to Cologne Cathedral, which bore the triple name of Wallraf, Richartz and Ludwig. In the winter of 2000 the Wallraf Richartz Collection was shifted to a new building, and the end of 2001 will witness the opening, or reopening, of the Museum Ludwig, based principally on donations or long-term loans from Irene and Peter Ludwig. Never had the elbowing out of competitors produced such a harvest as in Cologne. People justifiably spoke of a collector's empire, which, since Peter Ludwig's death in 1996, has been administrated by his wife Irene.

Ludwig, as regards both stature and hegemonial claims, belonged to the era of Helmut Kohl. The collectors active in parallel with or after him, men, and in the meantime, women of a later period, tend obviously to be contemporaries of Gerhard Schröder. While idealists launch their attacks on globalization at world economic summits, these collectors jet between New York and Basel, Venice, Berlin and London, stopping over in galleries and studios, at auctions and vernissages. They are individualists whose commitment is accompanied by a bank account to match, who will eventually open their own little museum, do something for society without asking for any remuneration in return. In addition to Frieder Burda, mention must be made of Ingvild Goetz, who has had a house built for herself in Munich by architects Herzog and de Meuron (long before they were everybody's darling). Goetz began with Arte Povera, and her interest has continued to focus on young and very recent art. Like Reinhard Onnasch, she too began as a gallery owner, although unlike him, Goetz was never compelled to make a living from the business.

Others shift and send their "collection blocks" from museum to museum. For instance the Stuttgart collector Josef Froehlich, who has concentrated on the usual suspects of contemporary art, from Georg Baselitz to Rosemarie Trockel and Carl Andre to Andy Warhol, with a particular emphasis on Bruce Nauman (not exactly an outsider's choice either). The exhibition of his collection in 1996 in three European countries, four cities and seven museums, was a source of special pride to Froehlich. He and the other globalizers have naturally learned much from Guiseppe Panza di Biumo, the Italian count, who for decades has mentally and partly moved his wonderful collection of contemporary American art beyond Pop from his home base in Varese to such antipodal places as Mönchengladbach and Los Angeles and back. At present a cooperation is in place between Panza di Biumo and Thomas Krens, or with the Peggy Guggenheim Collection in Venice.

Froehlich, on the other hand, is one of the pillars of the Collectors' Museum in Karlsruhe, which shares a former gunpowder factory with the Media Museum. In addition to Froehlich's, loans have come from the Rentschler, Weishaupt and Grässlin families, as a rule on the basis of ten-year contracts. The interesting thing about this constellation is that all of these highly motivated and knowledgeable collectors originate from southwestern Germany, from the vicinity of Karlsruhe. A fact that reflects a chapter of German economic history.

Baden-Württemberg is the most highly industrialized state in the country. Indicators include not only such names as Mercedes and Bosch but numerous medium-range businesses, especially in the field of machinery and machine tooling, which have been in family ownership for generations. At the same time, the region possesses a strong cultural awareness and is proud of a great educational system which includes such venerable universities as Heidelberg, Freiburg and Tübingen. This is a situation which is beneficial to art, as the rest of Germany has begun to realize in recent years.

The situation in Hamburg, the great harbor and trade center that reputedly has more millionaires within its borders than any other city in Europe, is different. In Hamburg, wealth has never been conspicuously displayed. Consequently, this former hub of the European art trade in the eighteenth and nineteenth centuries probably has more major collections than meet the eye. Although occasionally, some of them do. Such as the Minimal Art collection of Klaus Lafrenz, which has become one of the foundations of the Bremen Weserburg. Or the significant collection of Klaus and Erika Hegewisch, in the meantime focussed entirely on drawings and prints from Goya to Munch and Picasso, which has justifiably been accorded a special changing exhibitions space at the Hamburg Kunsthalle. Such collections have not been gathered as "festival illuminations for an ego."

A still different case is presented by Berlin, the old and new capital. "Berlin is not a collectors' town," says Onnasch, the collector from and in Berlin. And he is right. In the 1920s and '30s great collections, of both classical and contemporary art, grew and flourished in Berlin, thanks above all to the activity of Jewish collectors. The brilliant museum director, Wilhelm von Bode, was a master at accommodating private and public interests, advising collectors, and enriching the city's museums. All of this was destroyed, wiped out in the name of Adolf Hitler. The brief, intense postwar burgeoning of collecting in Berlin has since become past history. Traces of it are at most, if highly visibly, present in the collection of Erich Marx (to whom a festschrift was devoted on his 80th birthday), but after Marx came the void. Still, who can say what figures might appear in a group portrait of German collectors taken in the year 2010?

"The Collector Leads the Way," declared the title of an enthusiastic introduction by Gert von der Osten, the Cologne museum director, to the catalogue of the first presentation of the Ludwig Collection in 1969. Nothing would work without collectors, admitted the critics when the third Kunsthalle building, the "Galerie der Gegenwart" [Gallery of the Contemporary Age], was inaugurated in Hamburg in 1996, and people realized that about 60 percent of the works on display were loans from collectors. Onnasch was among them. In fact, he is perhaps the most important lender in Hamburg, with works by Richard Serra and Robert Rauschenberg, a large group of Oldenburg pieces, and five paintings by Clyfford Still. If many of these are now on view in the Onnasch exhibition in Barcelona and Porto, this is part of the contract, and the rooms in Hamburg will not be empty. On the other hand, the Hamburg Kunsthalle feels obligated to provide a suitable home for collectors' works, naturally including expenses for curatorial and art historical attentions.

"Nowadays time flows faster in the museum than outside its walls," writes Boris Groys in his 1997 volume of essays *Die Logik der Sammlung – Am Ende des musealen Zeitalters* [The Logic of the Collection – The End of the Museum Age]. The museum age, as we know it from Thomas Bernhard's wonderful story "Old Masters," may indeed be at an end, for in none of the world's great museums is it still possible to spend the day alone with one's favorite picture. On the other hand, a new era is beginning for museums, an era that confronts them with new challenges but that also provides greater opportunities for participation in cultural policy affairs. How this era will look and what consequences it will have, is bound to depend largely on how the individual and the res publica, the collector and the museum define their relationship to one another. **PK**

Petra Kipphoff
O coleccionador vai à frente

1

Comecemos com duas notícias do mundo artístico, secção "O coleccionador e a sua obra", do Verão de 2001.

O coleccionador de arte berlinense Erich Marx foi condecorado com a Grã-Cruz da Ordem de Mérito da República Federal da Alemanha, tendo-se distinguido como "importante mecenas". Das mais de 1000 obras que constituem a colecção Marx, 183 encontram-se em depósito permanente na Nationalgalerie de Berlim e podem ser vistas na dependência desta na Hamburger Bahnhof. Nos últimos cinco anos esses quadros e esculturas foram visitados por mais de um milhão de pessoas. Erich Marx foi homenageado por isso. Uma cerimónia de Estado para um coleccionador.

A leiloeira londrina Sotheby's anunciou o leilão das colecções de William Hesketh Lever, 1.º Visconde de Leverhulme (1851-1925). Não se trata apenas de leiloar "uma das maiores colecções de arte britânica", mas também Thornton Manor, a residência do coleccionador, que alberga as colecções e de que fazem parte edifícios anexos, estábulos, jardins e um parque, no seu todo uma propriedade de 24 hectares. Fim de uma colecção.

Nunca acontecerá aos descendentes de Marx o mesmo que aconteceu ao último herdeiro do Visconde de Leverhulme. Marx, ainda em vida, tem tudo resolvido, distribuído, dividido entre o Estado e a família, não só mas também enquanto mecenas das artes. O Visconde de Leverhulme era um apaixonado obsessivo, um esteta, um *bon vivant*, um filantropo que criou e decorou com a ajuda da arte e do artesanato de arte um fantástico lugar para viver: móveis valiosos, porcelanas chinesas, relógios, antiguidades de todas as espécies, esculturas e quadros, sobretudo pintura pré-rafaelita do início do séc. XIX. Depois da morte da sua mulher, as obras pictóricas passaram para o Estado e, uma vez esgotada a linhagem, o resto passou pelo martelo do leiloeiro.

Dois temperamentos coleccionistas antagónicos, determinados naturalmente pelas suas épocas e típicos dessas mesmas épocas. Quando Marx, um *self-made man*, jurista de profissão, veio do Sul da Alemanha para Berlim, em meados dos anos 60, reinava aqui um clima de estufa muito peculiar. Mais prolongadamente do que em qualquer outro lugar, era nesta cidade dividida e rodeada pelo Muro que as consequências da guerra permaneciam visíveis nas ruínas da paisagem urbana. Por outro lado, também as possibilidades de prosperar eram maiores, graças a condições especiais e subvenções estabelecidas por decisão política. Na Berlim dos anos 60 e 70, podia-se, da noite para o dia, ganhar muito dinheiro no mercado imobiliário. Raciocínios rápidos e banqueiros ágeis cooperavam à sombra do Muro.

Mais cedo do que em qualquer outra cidade alemã (excepto Colónia, com o monolítico Peter Ludwig), surgiu em Berlim um grupo de coleccionadores que na década de 70 começou a ser conhecido no mundo da arte para lá das fronteiras da cidade: a ele pertenciam Hans-Hermann Stober, Otto Pöhlmann, Georg Böckmann e Hartmut Ackermeier. E Reinhard Onnasch. Todos eles começaram por olhar para o que os rodeava, encontraram os seus primeiros interesses e os seus primeiros quadros, coleccionaram os jovens pintores berlinenses dessa época, muitas vezes da mesma idade que eles, como por exemplo, Lüpertz, Baselitz, Hödicke, Koberling. E deram então o salto para o ocidente, o que rapidamente significaria Nova Iorque.

Reinhard Onnasch foi e é o mais novo destes coleccionadores berlinenses da primeira hora. Nasceu em 1939 em Görlitz, uma cidade antiga na complexa região da fronteira germano-polaca; em 1949 vai para Kiel, onde completa o liceu, e daí para Berlim no início dos anos 60. Aqui trabalha na área florescente da construção civil e no sector imobiliário, mas em 1969 abre também uma galeria no Kurfürstendamm, dificilmente considerada uma rua lateral. Ou seja, começou muito cedo a ocupar-se com arte, ao contrário da maioria dos coleccionadores actuais; pretendia juntar paixão e profissão. "Iniciei-me como não-conhecedor", afirma, e cedo descobriu que, para ele, amar a arte e viver da arte eram coisas diferentes. O sector imobiliário assegurava a subsistência, pois, segundo diz, "nunca fui um galerista de sucesso, nunca consegui vender a arte que defendia dedicadamente".

Depois do início em Berlim, Onnasch, que não teve talvez um percurso ditoso como galerista mas que tinha um excelente faro como comerciante, muda-se em 1970 para Colónia. Depois da descoberta do mercado de arte em 1968 e graças às actividades de Peter Ludwig, que aí apresentou em 1969 a sua importante colecção de arte *pop* a um público estupefacto, a cidade parecia ser o lugar de futuro para a arte contemporânea. Mas, no início da década de 70, Onnasch inaugura também – o primeiro alemão a fazê-lo – uma galeria em Nova Iorque. Apresenta artistas alemães em Nova Iorque e americanos na Alemanha. Os primeiros americanos que expõe são Hans Hofmann, Arakawa, Richard Artschwager, Edward Kienholz, George Segal e William Copley. Seguiram-se-lhes George Brecht, Michael Heizer e Richard Serra. E apresentou em Nova Iorque, sem qualquer ressonância, o então desconhecido Gerhard Richter; os quarenta quadros expostos permaneceram na galeria. Mais tarde foi a vez de Bernd Koberling, C.O. Paeffgen, Erwin Heerich, John Wesley, Lowell Nesbitt, Gianni Piacentino e Hubert Kiecol.

A colecção de Reinhard Onnasch é colorida, cheia de contrastes e talvez por isso um bocadinho mais idiossincrática do que outras colecções comparáveis. Uma parte da explicação para isso, a parte objectiva, reside no facto de Onnasch não ter começado com muito dinheiro, como aconteceu com a geração seguinte e com os coleccionadores dos nossos dias, mas sim como galerista, ou seja, querendo inicialmente ganhar a vida através da arte. Mas, para além disso, existe também uma tendência para o antagónico, para o contraste. Os objectos em gesso pintado e as chamadas *soft sculptures* – um universo plástico cheio de cor constituído por objectos moles – de Claes Oldenburg podem aqui ser vistos em inúmeros exemplos cheios de humor. Ao seu lado, Bill Copley e C.O. Paeffgen, dois humoristas

raros e produtores de arte baseada no cómico; finalmente George Brecht e Bruce Connor, dois colegas de Kienholz que nunca foram verdadeiramente tidos em conta na Europa. A contrastar, temos o interesse pelos estranhos e desnaturados móveis de Richard Artschwager e Stefan Wewerka, alienados da sua função através de deformações, ou pelos primeiros objectos de arte conceptual, circulares, de Michael Heizer, pelas instalações de néon de Dan Flavin e finalmente pelos primeiros trabalhos de Richard Serra, placas de aço ou chapas de chumbo deitadas no chão ou colocadas na parede ou num canto, em combinações e posições precárias, fazendo da gravidade tema.

Tudo isso não cabe em casa alguma. E não apenas pelo número, como a colecção de Marx, ou para citar um novo exemplo, a colecção Brandhorst, que ameaça minar e fazer transbordar as novas instalações, ainda não acabadas, da Pinakothek der Moderne de Munique. Mas sobretudo por causa da constituição e do carácter das obras decisivas e de segmentos da colecção.

Reinhard Onnasch pertence ao círculo dos primeiros coleccionadores de Kienholz, em grande parte em resultado da situação especial de Berlim. Em 1975 Kienholz veio para Berlim como convidado do Programa Berlinense de Artistas do DAAD – Serviço Alemão de Intercâmbio Académico – e descobriu que Berlim, onde as consequências da guerra continuavam visíveis como cicatrizes, com as suas ruínas e feiras da ladra, era o lugar ideal para ele. Quando a bolsa acabou, alugou um apartamento e até à sua morte, em 1994, passou regularmente os meses de Inverno em Berlim. Tal como Richard Serra, foi através da Alemanha que conseguiu êxito e fama noutros países europeus e finalmente na América.

Os dois grandes coleccionadores de Kienholz encontram-se em Berlim e um deles é Reinhard Onnasch, sem dúvida o mais relevante. E, de novo, não pela quantidade, mas sim pela importância de que se revestem algumas obras do início de carreira pertencentes à colecção e pela relevância do *ambiente Roxy's* (1961), para alguns a obra funda-mental de Kienholz.

Quando *Roxy's* foi apresentado na Alemanha pela primeira vez, na Kunsthalle de Düsseldorf no âmbito da Documenta de Kassel de 1968, a descrição das técnicas constante no catálogo era a seguinte: "móveis, bricabraque, peixes vermelhos, incenso, desinfectante, perfume, *jukebox*, vestuário, etc.". Era dizer bem pouco. *Roxy's* é um pesadelo onde o observador pode entrar, mobilado com ver-dadeiros artefactos de uma vida marginal: tapetes gastos, candeeiros desconjuntados, sofás estafados e cheios de mofo, uma *jukebox* de fazer dó, pani-nhos de *crochet* a desfazer-se, plantas murchas, etc. *Roxy's*, em cuja parede se pode ver pendurado um retrato do General McArthur, é habitado por bonecos feitos à imagem e semelhança de seres humanos, feitos por Kienholz com restos de manequins, arame, próteses, fibra de vidro, objectos diversos como uma botija, um balde do lixo, um saco de juta, um relógio, montados em posições tortuosas, como, por exem-plo, em cima de uma máquina de coser. Tudo de segunda mão, tanto os materiais como a cena aqui representada.

O acontecimento em que se pensa ao olhar *Roxy's* está encarnado nos protagonistas: *Madame* (que tem um crânio de javali), *Dianna Pool (Miss Universal), Jenny Vesga, Miss Cherry Delight, Billy Cinco Dólares, Fifi* (um anjo caído), *Ben Brown* e uma dama de nome *Zoe*. O que se vê é um campo de batalha; mofo e perfume (a que Kienholz atribui imensa importância) misturam-se, ouve-se uma música em surdina. Bertolt Brecht teria ado-rado. *Roxy's*, onde antes se podia entrar, está agora vedado e é uma atracção da colecção Onnasch no Neues Museum Weserburg em Bremen; desde a abertura, em 1991, deste museu de coleccionadores, fascina e irrita o público. Sem Kienholz, o *ambiente*, Ilya Kabakov e os seus tão celebrados e multiplica-dos espaços de memória, assim como tudo o que lhes seguiu, seriam impensáveis.

Se podemos dizer que os trabalhos de Dieter Roth – *assemblages* de materiais e peças feitas com material em decomposição e restos –, de que Onnasch possui um grande número, e as obras de George Segal – figuras brancas de gesso, integradas nos seus lares ou locais de trabalho – se unem com os *ambientes* de Kienholz numa irmandade do horror banal, encontramos como contraponto os trabalhos de Richard Serra e de Erwin Heerich. Na violência latente que emana das pesadas chapas de ferro e do seu equilíbrio precário – resultante da sua dispo-sição ou da sua combinação com outro elemento igualmente pesado – pode-se reconhecer uma afini-dade emocional com Kienholz. Do ponto de vista estético e formal, pertencem, porém, à abstracção geométrica da arte conceptual – bem representada na Colecção Onnasch por Carl Andre, Donald Judd, Dan Flavin, por obras iniciais de Michael Heizer e que também se reflecte nas peças em cartão de Erwin Heerich. Também a pintora inglesa Bridget Riley, seguidora da *op art* – com as suas telas com tiras de cor vibrantes – e o seu conterrâneo, Richard Long, um representante da *land art* – com as suas pedras ordenadamente desordenadas – pertencem a esta arte do cálculo, no sentido mais lato do termo. Pois esta concepção do espírito do número só é libertada da sua repressão e rigidez puritanista oca-sional através da fantasia activa do observador.

Mas tudo é completamente diferente em obras que se devem ao fluxo livre da realidade ou da surrealidade, onde os limites entre forma e cor não são impostos pela régua. Obras deste carácter e temperamento constituem a maior parte da colec-ção de Reinhard Onnasch, para quem a estadia em Nova Iorque e a descoberta da arte *pop* constituí-ram, visivelmente, uma revelação.

Onnasch vinha de uma Europa onde a arte abstracta dominava nos melhores círculos, não só porque correspondia à fé no progresso e na emanci-pação da arte, mas também porque o realismo, como forma de arte, tinha caído em descrédito através do veredicto aniquilador de Hitler contra a arte abs-tracta e da sua imposição de uma arte de aparência – segundo ele – bela e facilmente identificável. A arte americana da década de 50 também tinha surgido de uma atitude de suspeita face ao realismo, mas possuía um cunho próprio e vital. Nova Iorque e a escola do expressionismo abstracto, que se identifica com a cidade, estabeleceram, pela primeira vez, com pintores como Jackson Pollock, Robert Motherwell, Barnett Newman, Clyfford Still e Mark Rothko, uma arte americana autónoma, não obrigada à herança e ao modelo europeus. Foi o triunfo. Mas, para a geração seguinte, foi também um motivo para oposição, contradição e para uma ruptura, desta vez com efeitos transatlânticos.

A arte *pop* dos anos 60, um grito de libertação sem precedentes na história da arte, foi uma resposta ao *pathos* do expressionismo abstracto e ao resto do mundo em geral. E o mundo reagiu prontamente – e entusiasticamente. "A arte desses anos abateu-se sobre nós como uma tempestade", escreve Peter Ludwig na introdução ao catálogo *Kunst der sechziger Jahre* (Arte dos anos 60), um testemunho eloquente de como o coleccionador se sentiu subjugado pela arte *pop* e quais as consequências que daí resultaram. Reinhard Onnasch, com quem se passou algo de semelhante, como afirma numa conversa com Dieter Honisch – que pode ser lida no catálogo da exposição *Aspekte der Kunst der sechziger Jahre – Aus der Sammlung Onnasch* (Aspectos da arte dos anos 60 – Obras da Colecção Onnasch) – não estava muito interessado em tendências, movimentos e contra-movimentos mas sim em personalidades artísticas individuais. Comprou trabalhos de Robert Rauschenberg, Claes Oldenburg, Andy Warhol, Tom Wesselmann, Jim Dine, Mel Ramos, Ed Ruscha e Larry Rivers, obras que reproduziam uma nova forma de ver a vida, que iam buscar a arte ao quotidiano, ao supermercado, às paredes cobertas de cartazes publicitários, às ruas, que irradiavam uma imensa sensação de liberdade que não se desvaneceu depois de tantos anos e apesar de tantas emoções grátis para todos. Onnasch deixou-se contagiar por esse espírito, manteve os olhos abertos, sentiu-se livre para aceitar o inusual. E ao ter-se decidido por Kienholz, George Brecht e Bruce Conner deu o salto para a costa

oeste, para a Califórnia, território em relação ao qual o iniciado em arte nova-iorquino durante muito tempo se sentiu céptico, o que ainda acontece com muito europeu.

Com cerca de um milhar de quadros e esculturas, entre obras-primas e trabalhos menores, a Colecção Onnasch é das mais importantes do seu género e possui logo à partida, pela escolha de Kienholz como um dos artistas-chave, um perfil muito especial, o que de facto não se pode dizer de todas as colecções de arte contemporânea. Pessoalmente, o que me agrada neste conjunto é uma certa marginalidade, que não se reflecte em nenhuma especialização estrita, mas sim na inclusão de artistas que não pertencem à primeira linha das correntes dominantes. Onnasch coleccionou intensivamente as divertidas obras cómico-eróticas de Bill Copley. E em George Brecht elegeu um artista em cujas colagens surrealistas de objectos ressoam secretamente a *beat generation* e o gosto de viver californiano. Um artista ainda difícil de encontrar, mesmo nos museus da Califórnia. Pode-se ainda considerar um aspecto simpático da colecção a ampla presença de Gianni Pacentino, artista que parece completamente ausente do resto da cena artística. O que requer grande força de carácter.

Reinhard Onnasch chama à sua colecção "Existências", uma palavra sóbria que se aplica bem ao facto de ele ter agido em primeira linha como galerista. Nunca comprou para as paredes de sua casa, mas sim para os museus a quem esperava vender. Interessou-se por artistas radicais, mas, como ele próprio afirma, nunca procurou o contacto com o artista. Porquê? "Procuro ver a arte como resultado do trabalho do artista, abstraindo-a da pessoa. Se me ocupo com a pessoa não me posso concentrar totalmente na obra." Com esta atitude Onnasch difere dos seus colegas coleccionadores de mais fresca data, para os quais o caminho para a arte não é pensável sem beber uma cerveja com o artista, sem o enquadramento mundano do *atelier* e da inauguração. E que, por essa razão, não têm qualquer abertura para a arte do passado. Reinhard Onnasch, para quem agora também é importante "trabalhar para trás" e que em anos mais recentes adquiriu obras de Hans Hofmann e de Clyfford Still, não está interessado em acontecimentos ou relações sociais, que confundem a arte e a vida. Ele acha que o coleccionador está, de alguns anos a esta parte, suficientemente na ribalta, já para não mencionar compradores de arte que se iniciaram nessa actividade há meia dúzia de anos e que logo se acham prontos para uma grande exposição.

Reinhard Onnasch não é um desses coleccionadores que quer para a sua colecção uma casa, um museu próprio. Isso de facto esteve nos seus pensamentos e foi também tema de conversações aquando da fundação do Neues Museum Weserburg em Bremen, mas rapidamente o conceito evoluiu para um museu que albergasse várias colecções. O museu de coleccionadores impôs-se, apesar de esta comunidade de ideias e ambições contrárias acarretar naturalmente problemas e dissonâncias, sobretudo para o director da instituição. Entretanto, foi já fundado um segundo museu idêntico em Karlsruhe, baseado nas colecções Froehlich, Rentschler, Weishaupt e Grässlin. As "existências" de Reinhard Onnasch encontram-se intencionalmente distribuídas por vários museus, em Bremen, Hamburgo, Mönchengladbach, como depósitos de longo prazo; uma parte substancial permanece armazenada em Colónia, em reservas onde também outros coleccionadores guardam os seus excedentes. Entretanto, na casa de Onnasch em Berlim, permanece a mulher que Duane Hanson condenou para todo o sempre a estar sentada, fumando, por baixo do secador de cabelo.

2

Os museus, o público e a arte tiraram proveito desta disponibilidade do coleccionador para ceder as suas obras, naturalmente com base em contratos adequados. Será que a situação se vai manter? Só Reinhard Onnasch sabe. E nesta altura, compreensivelmente, nada diz sobre o assunto. Além disso, com um coleccionador está sempre tudo em mutação. Quando, em 1991, no Neues Museum Weserburg, se juntaram onze coleccionadores para constituir um museu de arte contemporânea, ficou claro pela primeira vez na Alemanha que o coleccionador, pelo menos o de arte contemporânea, não fica sentado em casa rodeado pelas suas *Darlings* (título de uma exposição de colecções privadas patente este Verão no Castelo Morsbroich, perto de Leverkusen), mas movimenta as suas obras e quer mostrá-las. Também se tornou evidente nestes últimos anos, na Alemanha, que o coleccionador não deseja apenas tornar-se visível, antes pretende também ter uma palavra a dizer na política artística. Por exemplo, reclamando um edifício próprio para as suas obras, financiado pelo Estado, ou ocupando um departamento autónomo de um museu. Temos o exemplo de Lothar-Günter Buchheim, que durante anos negociou com autoridades municipais e directores de museus o acolhimento (e não a cedência) da sua colecção do expressionismo e de curiosidades, recuando sempre no último minuto, até que finalmente se pôde celebrar a abertura de um Museu Buchheim estatal bávaro, perto do Starnberger See. Como exemplo contrário citemos o mecenas Bernhard Sprengel, que doou à sua cidade natal, Hannover, a sua colecção do modernismo clássico, tendo também financiado em parte a construção do museu inaugurado em 1979.

O que é uma colecção? "Todo o conjunto de objectos naturais ou artificiais, que temporária ou definitivamente são retirados do circuito das actividades económicas...", escreve o historiador Krystof Pomian no seu tratado de 1986 *Der Ursprung des Museums – Vom Sammeln* (A origem do museu –

Sobre o coleccionismo). E acrescenta que o paradoxo das colecções reside no facto de "terem um valor de troca, sem terem um valor de uso". Uma definição que esclarece porque é tão interessante e polémico, hoje em dia, o tema coleccionador e Estado. Pois, precisamente na altura em que o apoio do Estado aos museus estagna, cresce o número de coleccionadores e a sua presença nos museus estatais. Uma situação ideal, poder-se-ia dizer. Mas simultaneamente uma constelação problemática, como por vezes se verifica na prática. Em todo o caso, trata-se de uma oportunidade e de uma situação para a qual não existem regras de princípio – estamos a lidar com um objecto quase indefinível e, consequentemente, com personalidades que se furtam a uma classificação.

Quando é que uma acumulação de obras de arte se torna uma colecção? Walter Benjamin, que não teve ocasião de coleccionar bens, no seu livro *Passagenwerk* (editado do espólio em 1982) – uma colecção ou um manancial de pensamentos, notas de leitura e impressões –, escreve: "ao coleccionar, o fundamental é que o objecto se liberte de todas as suas funções originais para se integrar com os seus congéneres na relação mais estreita imaginável. Este é o oposto diametral da utilização e pertence à estranha categoria da totalidade". Uma afirmação subtil e fresca sobre um tema que entretanto se tornou quente.

"Uma colecção começa quando já não cabe dentro de casa", sublinha o coleccionador Frieder Burda, de forma prosaica mas em boa consciência. Filho de uma influente família de editores de imprensa de Offenburg, Burda tem emprestado a museus partes da sua colecção (centrada em Gerhard Richter, Sigmar Polke e Arnulf Rainer) e apresentou-a em exposições; agora pretende construir o seu próprio museu, em Baden-Baden, onde reside, ao lado da Staatliche Kunsthalle. "A colecção", diz Burda publicamente, com uma candura refrescante, "é uma iluminação festiva para o meu ego" e quem quiser pode tomar parte nesse acontecimento artístico festivamente iluminado.

A história do coleccionador de arte, sobretudo de arte contemporânea, na Alemanha do pós-guerra, começa com Karl Ströher, um industrial de Darmstadt que nos anos 50 inicia a sua colecção com Kandinsky e Klee, os expressionistas alemães, Willy Baumeister, Rolf Nesch e E.W. Nay, Henry Moore e Lynn Chadwick. Hoje, ao folhear o catálogo desta colecção, exposta em 1970 em Darmstadt sob o então apropriado título *Bildnerische Ausdrucksformen* (Formas de expressão plástica), sente-se uma abertura simpática, mas também uma certa indecisão. Depois abate-se sobre Karl Ströher a tempestade da arte *pop*, tal como aconteceu com Peter Ludwig. Compra em Nova Iorque, em bloco, a colecção Kraushaar, a mais antiga e espectacular colecção de arte *pop* americana, que integrava todos os grandes nomes, de Jasper Johns a Andy Warhol. Mas Ströher fez mais: em 1969 comprou ao artista o chamado Bloco Beuys, que consistia em dois terços da obra de Joseph Beuys e comprometeu-se a mostrar, doar ou vender este complexo apenas na sua totalidade. O desejo de Ströher de disponibilizar ao Museu de Darmstadt a sua colecção integral num edifício anexo foi inviabilizado pela recusa do governo do Land Hessen em construir as instalações. A colecção de arte *pop* de Ströher, que nunca pretendeu ser uma figura pública, foi vendida depois da sua morte e parte dela é hoje propriedade do Museum für Moderne Kunst de Frankfurt. O Bloco Beuys foi comprado pelo Estado para o Hessisches Landesmuseum de Darmstadt.

Peter Ludwig, nascido em 1925 e 35 anos mais novo do que Ströher, é um caso completamente diferente, excepto na sua paixão pela arte *pop* americana. Tanto ele como a sua mulher, Irene, estudaram história de arte e a sua paixão pelo coleccionismo era tão grande como a sua paixão pelas peças coleccionadas. Nunca coleccionaram para si próprios, mas sempre intencionalmente para museus escolhidos. Compraram jarros da Grécia antiga, cerâmica asteca, incunábulos e códices, porcelana de Meißen, pintura do modernismo clássico e arte contemporânea da Europa, da América do Norte e do Sul, da Europa de Leste e da Ásia. E distribuíram as peças entre Viena e Basileia, Aachen e São Petersburgo, Budapeste, a então Berlim Leste e Colónia. Mas contínua e imperturbavelmente investindo sobretudo nas suas origens, a cidade de Colónia.

A colecção de arte *pop* dos Ludwigs esteve inicialmente albergada no Wallraf-Richartz Museum, por seu lado alojado numa espécie de instalações de emergência. Em 1986, as 284 obras de arte, que entretanto tinham sido doadas à cidade, foram transferidas para um novo edifício junto à catedral de Colónia, cujo nome ostentava agora os três apelidos: Wallraf, Richartz e Ludwig. No Inverno de 2000 a Colecção Wallraf-Richartz passou para um novo edifício e no final de 2001 assistiremos à abertura, ou reabertura, do Museu Ludwig, que tem por base as doações e os depósitos de longo prazo de Peter e Irene Ludwig. Nunca o acotovelar de obras tinha produzido uma colheita tão vasta como em Colónia. Com todo o direito se fala neste caso de um império coleccionista, administrado desde a morte de Peter Ludwig, em 1996, pela sua mulher.

Do ponto de vista da estatura e das reivindicações, Ludwig pertencia à era Helmut Kohl. Os coleccionadores que surgiram na mesma altura ou que vieram depois são, como não podia deixar de ser, homens (e entretanto também mulheres) de uma época posterior, contemporâneos de Gerhard Schröder. Enquanto os idealistas se manifestam contra a globalização nas cimeiras económicas mundiais, estes coleccionadores viajam entre Nova Iorque, Basileia, Veneza, Berlim e Londres, parando em galerias e leilões, *ateliers* e inaugurações. Individualistas cujo compromisso se faz acompanhar de contas bancárias correspondentes, abrem depois o seu próprio pequeno museu, fazem algo pela comunidade, sem que esta tenha algo a pagar em troca.

Para além de Frieder Burda, deve-se também mencionar Ingvild Goetz: muito antes de estes se terem tornado os favoritos de todos, encarregou os arquitectos Herzog e de Meuron do projecto de uma casa que fez construir em Munique; iniciou a colecção com a *arte povera* e o seu interesse des-

loca-se permanentemente para a mais jovem arte. Tal como Reinhard Onnasch, também ela começou como galerista, mas não precisou dessa actividade para ganhar a vida.

Outros movimentam os seus "blocos de colecção" de um lado para o outro, enviando-os de museu para museu. Por exemplo, o coleccionador de Stuttgart Joseph Froehlich, que coleccionou por grosso os suspeitos do costume da arte contemporânea – de Baselitz a Trockel, de Andre a Warhol, com especial ênfase para Bruce Nauman (no que também não está isolado). Em 1996, a exposição da sua colecção em três países europeus, quatro cidades e sete edifícios foi para ele particular motivo de orgulho. Naturalmente, tanto ele como os outros globalizadores aprenderam com Giuseppe Panza di Biumo, o conde italiano que desde há décadas movimenta (em teoria e, em parte, também de forma real) a sua fantástica colecção de arte contemporânea americana, iniciada em 1954, entre Varese, a sua cidade natal e lugares tão antagónicos como Mönchengladbach e Los Angeles. Entretanto, estabeleceu-se uma cooperação entre ele e Thomas Krens ou a Colecção Peggy Guggenheim de Veneza.

Joseph Froehlich é, porém, um dos pilares do museu de coleccionadores em Karlsruhe que, em conjunto com o museu dos *media*, se encontra localizado nas instalações remodeladas de uma antiga fábrica de pólvora. Para além de Froehlich, também as famílias Rentschler, Weishaupt e Grässlin disponibilizaram arte para esse propósito, regra geral com base em contratos de dez anos. Nesta constelação é interessante verificar que todos estes coleccionadores do Sudoeste da Alemanha, motivados e profundamente conhecedores, têm as suas origens nos arredores de Karlsruhe. Um facto em que se reflecte uma parte da história económica alemã.

Baden-Württemberg é o Land mais fortemente industrializado, o que não se deve apenas aos nomes Mercedes e Bosch, mas também a um grande número de indústrias médias, por vezes propriedade de uma família desde há várias gerações, sobretudo da área da construção de maquinaria. Simultaneamente, há nesta região uma consciência cultural profundamente enraizada e a população orgulha-se da diversidade da oferta educacional, onde se incluem três veneráveis e antigas universidades: Heidelberg, Freiburg e Tübingen. Estas circunstâncias favorecem a arte, o que nos últimos anos também se tornou visível para o resto do país.

Diversa é a situação em Hamburgo, uma cidade comercial e portuária que, segundo se diz, conta mais milionários dentro dos seus muros do que qualquer outra cidade europeia. Mas em Hamburgo a riqueza nunca se exibiu. E por isso existem hoje nesta cidade, que foi um centro do comércio europeu de arte nos séculos XVIII e XIX, mais colecções de arte importantes do que aquilo que se pensa. E só ocasionalmente algo disso se torna visível. Como a colecção de arte minimal de Klaus Lafrenz, que pertence ao inventário de raiz do Weserburg Museum de Bremen. Ou a colecção de Klaus e Erika Hegewisch, cuja orientação é constituída apenas por desenhos e obra gráfica, de Goya a Picasso, passando por Munch, a que com todo o direito foi atribuído um espaço para exposições rotativas na Kunsthalle de Hamburgo. Apesar de estas colecções nunca se terem transformado em "iluminação festiva para qualquer ego".

Diferente também é a situação em Berlim, a velha, a nova capital. "Berlim não é uma cidade de coleccionadores", afirma Reinhard Onnasch, um coleccionador de Berlim, em Berlim. E tem razão. Na Berlim dos anos 20 e 30 floresciam e cresciam as grandes colecções, tanto clássicas como de arte contemporânea, sobretudo graças ao empenho de coleccionadores judeus. Wilhelm vom Bode, um genial director de museu, conseguiu com grande mestria conjugar interesses privados e públicos, aconselhar coleccionadores e enriquecer os museus. Mas em nome de Adolf Hitler tudo foi destruído, aniquilado. O curto e intenso apogeu do coleccionismo do pós-guerra passou entretanto à história. Sobreviveu de forma mais visível na colecção de Erich Marx (homenageado por ocasião do seu 80.º

aniversário); mas depois dele é o vazio. Quem pode, contudo, saber qual será o retrato de grupo dos coleccionadores alemães no ano 2010?

"O coleccionador vai à frente" é o título do entusiástico prefácio de Gert von der Osten, o director do Museu de Colónia, no catálogo da primeira apresentação da Colecção Ludwig, que teve lugar em 1969. Sem os coleccionadores nada se passa, constataram os críticos quando, em 1996, foi inaugurado em Hamburgo o terceiro edifício da Kunsthalle, a "Galerie der Gegenwart" e se verificou que cerca de 60% das peças expostas eram depósitos de coleccionadores. Reinhard Onnasch, que também aí se incluía, é talvez um dos emprestadores mais importantes de Hamburgo, com trabalhos de Richard Serra e de Rauschenberg, um grande conjunto de obras de Oldenburg e cinco quadros de Clyfford Still. Se muitas dessas obras podem agora ser vistas em Barcelona e no Porto, é porque isso ficou lavrado em contrato e os espaços de Hamburgo não vão ficar vazios. Em contrapartida, a Kunsthalle de Hamburgo entende que deve providenciar um lugar condigno para as obras de arte de propriedade privada, o que inclui um acompanhamento museológico e cuidados na área da história de arte.

"O tempo no museu decorre hoje mais depressa do que para lá dos seus muros", escreve Boris Groys no seu volume de ensaios *Die Logik der Sammlung – Am Ende des musealen Zeitalters* (A lógica da colecção – O fim da era museológica), de 1997. Ou seja, a era museológica, tal como a conhecemos da maravilhosa história de Thomas Bernhard *Alte Meister*, pode estar no fim, em nenhum dos grandes museus do mundo se pode passar o dia a sós com o quadro favorito. Por outro lado, inicia-se uma nova era para os museus, que se devem colocar novos desafios, mas que têm também maiores oportunidades de participação na vida político-cultural. Como será e como vai decorrer esse processo dependerá em grande parte de como o indivíduo e a *res publica*, o coleccionador e o museu se vão comportar em relação uns aos outros. **PK**

Selection of Works   Selecção de obras

Roberto Matta Echaurren

The Splitting of the Ergo, 1946

L'Atout, 1954

Je - Ographie, 1970

Evolution d'une cible, 1956

HH: Na pintura pura, a cor serve ao mesmo tempo objectivos plásticos e psicológicos. Para atingir esses objectivos, temos de resolver paralelamente um problema de forma e um problema de cor, cuja sincronização constitui a síntese pictórica da obra. A cor é, intrinsecamente, luz. Na natureza, é a luz que gera a cor. No quadro, é a cor que gera a luz. [...] Os intervalos [entre as cores] são relações de tensão cujo grau caracteriza uma dada relação no âmbito da qual duas cores se envolvem reciprocamente [...]. Nenhuma sai vencedora, nenhuma sai derrotada. Ambas estão unidas a fim de atingirem um objectivo através do seu efeito recíproco. A divergência entre elas define a diferença de tensão do intervalo. Hans Hofmann, citado in *Hans Hofmann: Ausstellung 1962*, catálogo da exposição, Druckhaus Nürnberg, Nuremberga, c. 1962.

Hans Hofmann: In pure painting color serves both visual and psychological aims. To achieve these aims, we must deal in parallel with a problem of form and a problem of color, whose synchronization constitutes the painterly synthesis of a work. Color is intrinsically physical light. In nature, light engenders color. In a painting, color engenders light... Color intervals are relationships of tension whose degree characterizes a given relationship, in which two colors mutually intensify or diminish each other... Neither is the winner, and neither is the loser. The two are brought together in order to reach a goal through their reciprocal effect. The discrepancy between them defines the tension ratio of the interval. Hans Hofmann, quoted in *Hans Hofmann: Ausstellung 1962*, exhibition catalogue. Nurenberg: Druckhaus Nürnberg, c. 1962.

Green Table, 1937

The Ocean, 1957

Conjuntis Viribus, 1963

CS: Foi em dois desses locais que, há uns treze anos, foi revelada uma das poucas ideias verdadeiramente libertadoras que o homem jamais conheceu. Aí eu demonstrei que uma só pincelada de tinta, apoiada por uma obra e um espírito capaz de compreender o seu potencial e as suas aplicações, podia devolver ao homem a liberdade que perdera em vinte séculos de desculpas e esquemas de submissão. Duas ou três pessoas depressa aclamaram e reconhe-ceram que esta descoberta representava uma ameaça à ética de poder desta cultura e um desafio à sua validade. Essa ameaça foi vagamente sentida por alguns, que a contestaram e apresentaram uma frente quase unida em defesa das suas instituições.

 [...] Sempre tive a esperança de criar um lugar ou dimensão de vida para a liberdade, onde uma ideia possa transcender a política, a ambição e o comércio. Talvez nunca passe de uma esperança. Mas tenho de acreditar que, algures, pode haver uma excepção. Clyfford Still, "An Open Letter to An Art Critic", *Artforum* 2/6, 1963, p. 32.

Clyfford Still: It was in two of those arenas some thirteen years ago that was shown one of the few truly liberating concepts man has ever known. There I had made it clear that a single stroke of paint, backed by work and a mind that understood its potency and implications, could restore to man the freedom lost in twenty centuries of apology and devices for subjugation. It was instantly hailed, and recognized by two or three men that it threatened the power ethic of this culture, and challenged its validity. The threat was vaguely felt and opposed by others who presented an almost united front in defense of their institutions. ...It has always been my hope to create a free place or area of life where an idea can transcend politics, ambition and commerce. It will perhaps always remain a hope. But I must believe that somewhere there may be an exception. Clyfford Still. "An Open Letter to An Art Critic," *Artforum* 2/6, 1963, p. 32.

1960-F, 1960

Untitled, 1953

1951-D, 1951

Franz Kline

Robert Motherwell

Wall Painting No. III, 1953

RM: A série *Open* foi, em parte, criada por esses sentimentos. No México, antigamente, construíam-se as quatro paredes de uma casa sem janelas nem portas e
estas eram abertas depois, maravilhosamente proporcionadas, na sólida parede
de adobe. Há qualquer coisa em mim que responde a isso, a essa beleza crua
de dividir um plano direito, sólido. Robert Motherwell, citado in Josephine Novak (ed.),
Robert Motherwell, Albright Knox Gallery e Abbeville Press, Buffalo e Nova Iorque, 1983,
pp. 15, 22, 23.

RM:The *Open* series was generated in part by these feelings. In Mexico, in
the old days, they built the four walls of a house solid, without windows
or doors, and later cut the windows and doors, beautifully proportioned,
out of the solid adobe wall. There is something in me that responds to
that, to the stark beauty of dividing a flat solid plane. Robert Motherwell, quoted
in Josephine Novak (ed.). *Robert Motherwell*. Buffalo / New York: Albright Knox Gallery / Abbeville Press, 1983,
pp. 15, 22, 23.

Open No. 184 (With Charcoal Lines), 1969

AR: Uma tela quadrada (neutra, sem forma), com um metro e meio de largura e um metro e meio de altura, da altura de um homem e da largura de um homem de braços abertos (nem grande, nem pequeno, sem tamanho), dividida em três secções (sem composição), uma forma horizontal a negar uma forma vertical (sem forma, sem topo, sem base, sem direcção), três cores (mais ou menos) escuras (sem luz) e não contrastantes (sem cor), pincelada sobre pincelada, uma superfície mate, plana, pintada livremente (sem brilho, sem estrutura, não linear, sem contornos precisos, sem borda polida) que não reflecte o meio circundante – um quadro puro, abstracto, não objectivo, sem tempo, sem espaço, sem alteração, sem relação com nada, não está lá – um objecto consciente de si (não há inconsciência), ideal, transcendente, que apenas significa a Arte (de modo algum anti-arte). **(1961)** Ad Reinhardt, citado in Dorothy C. Miller (ed.), *Americans 1963*, The Museum of Modern Art, Nova Iorque, 1963, p. 80.

Ad Reinhardt: A square (neutral, shapeless) canvas, five feet wide, five feet high, as high as a man, as wide as a man's outstretched arms (not large, not small, sizeless), trisected (no composition), one horizontal form negating one vertical form (formless, no top, no bottom, directionless), three (more or less) dark (lightless) non-contrasting (colorless) colors, brushwork brushed out to remove brushwork, a mat, flat, freehand painted surface (glossless, textureless, non-linear, no hard edge, no soft edge) which does not reflect its surroundings – a pure, abstract, non-objective, timeless, spaceless, changeless, relationless, disinterested painting – an object that is self-conscious (no unconsciousness) ideal, transcendent, aware of no thing but Art (absolutely no anti-art). (1961).

Ad Reinhardt, quoted in Dorothy C. Miller (ed.). *Americans 1963*. New York: The Museum of Modern Art, 1963, p. 80.

Abstract Painting, 1956

Barnett Newman

Philip Guston

Traveller II, 1960

LN: Comecei por utilizar objectos encontrados. Tinha imensos bocados de madeira e comecei a mudá-los de um lado para o outro, comecei a compor. Sempre que encontrava madeira, levava-a para casa e começava a trabalhar com ela. Podia ser no meio da rua, em fábricas de mobiliário. Podia ser trazida por amigos. Não importava.

[...] Eu queria um meio que fosse imediato. Com a madeira eu conseguia comunicar quase espontaneamente e obter o que procurava. Para mim, creio que a textura e o carácter vivo... quando trabalho com madeira, ela está muito viva. Tem vida própria. Se esta madeira não estivesse viva, seria pó. Desintegrar-se-ia, transformar-se-ia em nada. O facto de ser madeira significa que tem outra vida... Louise Nevelson, citada in Diana McKown, *Dawns and Dusks*, Charles Scribner's Sons, Nova Iorque, 1976, pp. 76, 111.

Louise Nevelson: I began using found objects. I had all this wood lying around and I began to move it around, I began to compose. Anywhere I found wood, I took it home and started working with it. It might be on the streets, it might be from furniture factories. Friends might bring me wood. It really didn't matter.

...I wanted a medium that was immediate. Wood was the thing that I could communicate with almost spontaneously and get what I was looking for. For me, I think the textures and the livingness... when I'm working with wood, it's very alive. It has a life of its own. If this wood wasn't alive, it would be dust. It would disintegrate to nothing. The fact that it's wood means it has another life... Louise Nevelson, quoted in Diana McKown. *Dawns and Dusks*. New York: Charles Scribner's Sons, 1976, pp. 76, 111.

Tide Echo, 1957-1961

DS: Raramente sigo um caminho deixado por um desenho previamente concebido. Se estou certo acerca da forma de começar, não preciso de conhecer o
fim, a luta pela solução é o mais importante. Se, no final, a obra me parece
demasiado completa, definitiva, não colocando qualquer questão, estou disposto a recomeçar a trabalhar a partir do fim, para que, na sua forma acabada,
ela deixe uma pergunta e não uma resposta. Às vezes, quando inicio uma
escultura, começo com apenas uma parte realizada, o resto é uma viagem
que se vai desenrolando, um pouco como num sonho. O que faz a arte é a
luta pela realização, e não a certeza, a técnica ou o material. Não aspiro ao
êxito total. Mesmo que só uma parte funcione e o resto seja desastrado ou
incompleto, considero a obra terminada, desde que tenha dito algo de novo por
ter encontrado uma relação qualquer a que possa chamar origem. Não emendo
um erro quando ele me parece adequado, pois um erro é mais humano do
que a perfeição. David Smith, citado in Cleve Gray (ed.), *David Smith by David Smith.*
Sculpture and Writings, Thames and Hudson, Londres, 1968, p. 56.

David Smith: I do not often follow a path from a previously con-
ceived drawing. If I have a strong feeling about its art, I do not need to
know its end, the battle for solution is the most important. If the end of
the work seems too complete, and final, posing no question, I am apt to
work back from the end, that in its finality it poses a question and not a
solution. Sometimes when I start a sculpture, I begin with only a realized
part, the rest is travel to be unfolded much in the order of a dream. The
conflict for realization is what makes art not its certainty, nor its technique
or material. I do not look for total success. If a part is successful [and] the
rest clumsy or incomplete, I can still call it finished, if I've said anything
new by finding any relationship which I might call an origin. I will not
change an error if it feels right, for the error is more human than perfec-
tion. David Smith, quoted in Cleve Gray (ed.). *David Smith by David Smith. Sculpture and Writings*. London:
Thames and Hudson, 1968, p. 56.

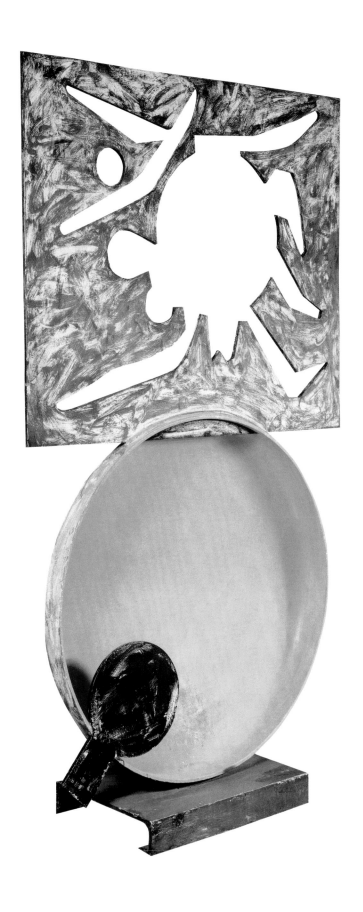

Morris Louis

Untitled, 1955

Untitled, 1956

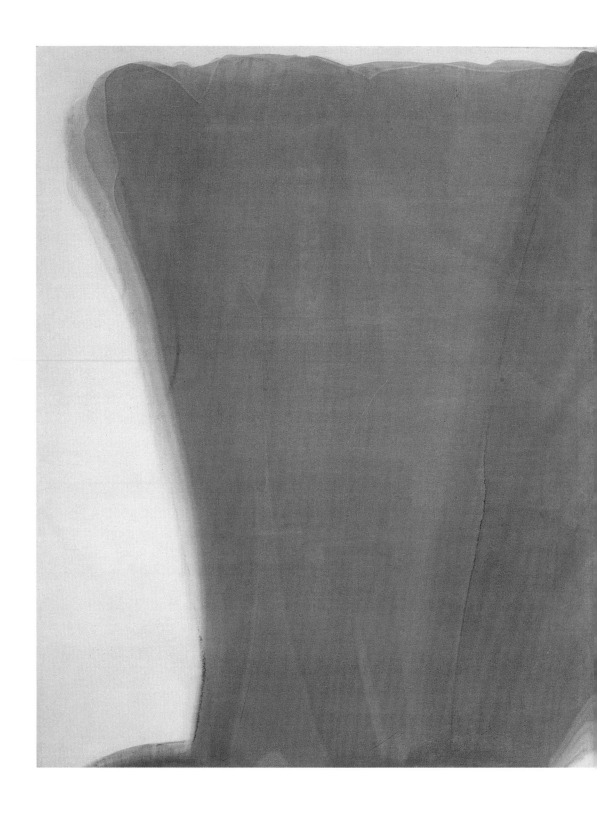

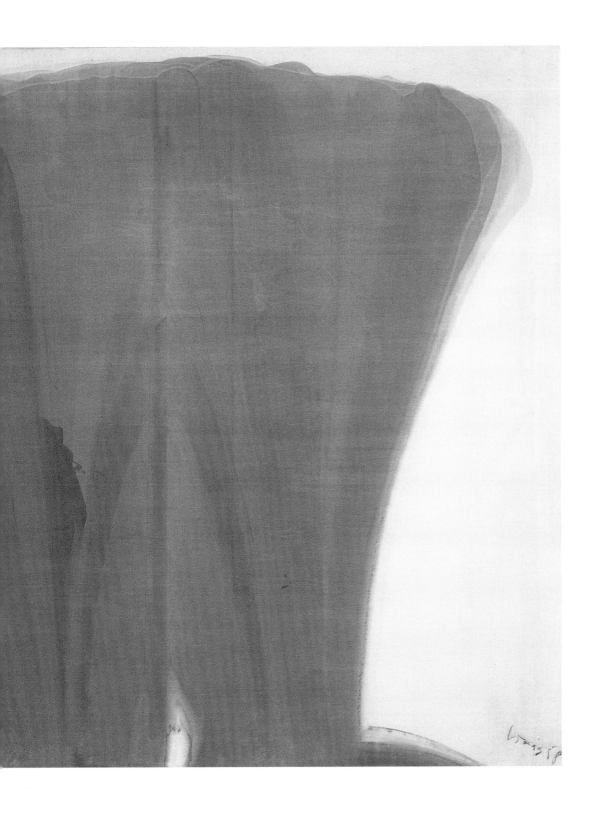

Dalet Vav, 1958

Gamma Iota, 1960

KN: Eu abro os quadros. Gosto da leveza, da luminosidade e da forma como a cor pulsa. A presença do quadro é o que verdadeiramente importa. Kenneth Noland, citado in Kenworth Moffett (ed.), *Kenneth Noland*, Harry N. Abrams, Nova Iorque, 1977.

Acima de tudo, nada de objectos. O importante é aplicar a cor numa superfície o mais fina possível, uma superfície que pareça ter sido cortada com uma lâmina. Apenas cor e superfície, mais nada. Kenneth Noland entrevistado por Diane Waldman, "Color, Format and Abstract Art: An Interview with Kenneth Noland", *Art in America*, Maio-Junho de 1977, p. 100.

Kenneth Noland: I open paintings. I like lightness, airiness, and the way color pulsates. The presence of the painting is all that's important.

Kenneth Noland, quoted in Kenworth Moffett (ed.). Kenneth Noland. Harry N. Abrams, New York, 1977.

Above all, no thingness, no objectness. The thing is to get that color down on the thinnest conceivable surface, a surface slided into the air as if by razor. It's all color and surface, that's all. Kenneth Noland interviewed by Diane Waldman. "Color, Format and Abstract Art: An Interview with Kenneth Noland," *Art in America*, May-June 1977, p. 100.

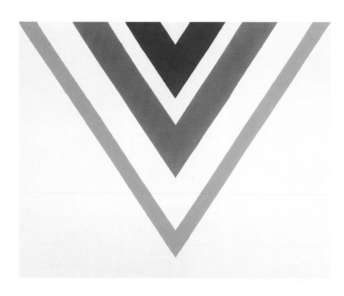

Via Media (Suddenly), 1963

Wotan, 1961

Raymond Hains

La Grande Palissade, 1964

Jacques Villeglé

Boulevard St. Martin, 1959

Christo

Poussette (Packed Supermarket Cart), 1963

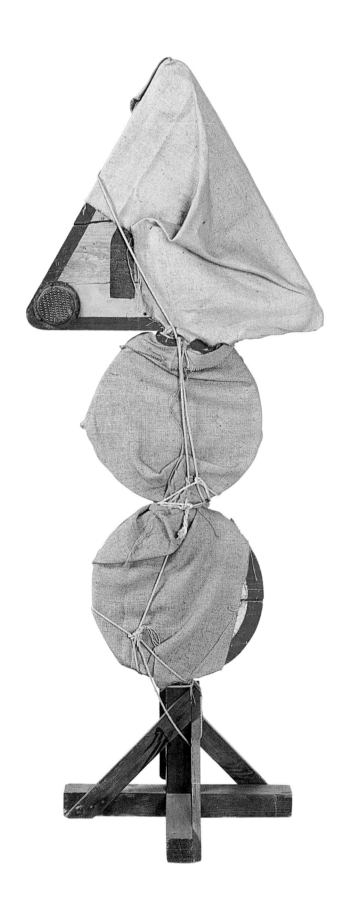

Packed Road Sign, 1963

Martial Raysse

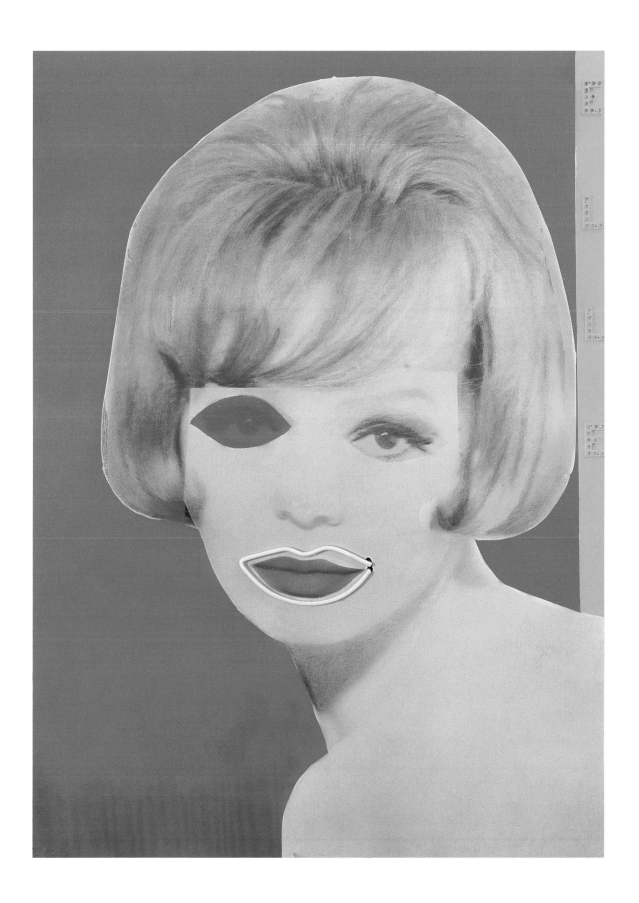

Rose, 1962

Arman

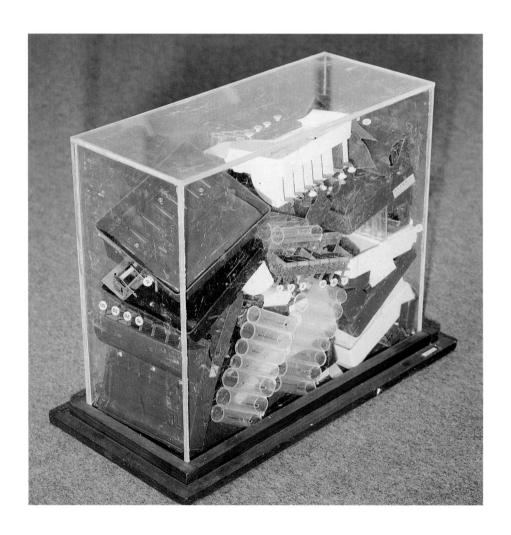

Jean Tinguely / Larry Rivers

Turning Friendship of America and France, 1962

DS: *Tableau-piège* (quadro armadilha). Objectos encontrados casualmente, em situações de ordem ou desordem, são fixados a uma superfície (aleatoriamente – mesa, cadeira, caixa, etc.) no exacto local onde se encontravam. A única coisa que se altera é a sua posição em relação ao espectador. O resultado é considerado um quadro, no qual o horizontal se torna vertical. Por exemplo, os restos de um pequeno-almoço são fixados à mesa e pendurados, com a mesa, na parede. Daniel Spoerri, citado in *Spoerri*, catálogo da exposição, Stedelijk Museum, Amsterdão, 1971, p. 13.

Daniel Spoerri: The Trap Picture. Objects found by chance in orderly or disorderly situations are affixed to the surface (random – table, chair, box, etc.) precisely where they are located. The only thing that is altered is their position with respect to the viewer. The result is declared a picture, in which horizontal becomes vertical. For example, the remains of a breakfast are affixed to the table and hung with the table on the wall. Daniel Spoerri, quoted in *Spoerri*, exhibition catalogue. Amsterdam: Stedelijk Museum, 1971, p. 13.

La Table Bleue – Restaurant de la Galerie "J", 1963

Hervé Télémaque

Voir elle, 1964

Erro

Les vainqueurs de Leningrad supportés par le monstre daltonien Matisse, 1966

RR: A relação lógica ou ilógica entre duas coisas deixa de ser um tema gratificante para o artista à medida que este toma consciência de que, mesmo nos momentos mais devastadores ou heróicos, ele próprio faz parte da densidade de um *continuum* não censurado, que nem começa nem termina com qualquer decisão ou acção da sua parte. Robert Rauschenberg, citado in "Öyvind Fahlström", *Art and Literature* 3, 1964, p. 219.

Robert Rauschenberg: The logical or illogical relationship between one thing and another is no longer a gratifying subject to the artist as the awareness grows that even in his most devastating or heroic moment he is part of the density of an uncensored continuum that neither begins with nor ends with any decision or action of his. Robert Rauschenberg, quoted in "Öyvind Fahlström," *Art and Literature* 3, 1964, p. 219.

Cy Twombly

Leda and the Swan, 1960

Untitled (Munich), 1964

Jim Dine

Flesh Chisel, 1962

Hair, 1961

CO: A minha arte é o inimigo constante do significado [...]; ou, se quiserem,
o meu objectivo é neutralizar o significado (que é inexpugnável)...
Eliminar a aparência parece-me impossível e por conseguinte artificial. [...]
Resta captá-la e mostrar como é insignificante. Claes Oldenburg, "Extracts from
the Studio Notes (1962-1964)", *Artforum* 4/5, 1966, pp. 32-33.

Claes Oldenburg: My art is the constant enemy of meaning... or you could say I have aimed at neutralizing meaning (which is unexpugnable)... To eliminate appearances seems to me impossible and therefore artificial... simply grasp them and show how little they mean. Claes Oldenburg.

"Extracts from the Studio Notes (1962-1964)," *Artforum* 4/5, 1966, pp. 32-33.

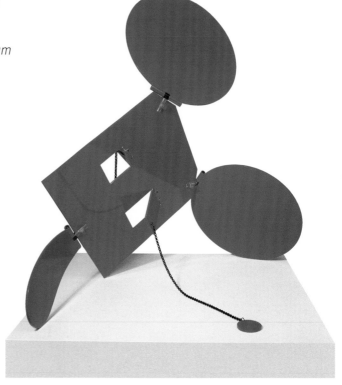

Mannikin with One Leg, 1961

Plate of Meat, 1961

Sewing Machine, 1961

Girls' Dresses Blowing in the Wind (Two Girls' Dresses), 1961

CO: Todos falam da natureza e do artista, mas ninguém faz a distinção entre cidade e campo. Que tipo de natureza é a natureza urbana? É um pedaço da mente humana. Viver na cidade é viver dentro de nós próprios. As alucinações que temos em determinado momento evocam as alucinações de outros... tão reais como edifícios ou quadros. Claes Oldenburg, "Extracts from the Studio Notes (1962-1964)", *Artforum* 4/5, 1966, pp. 32-33.

CO: Everybody talks about nature and the artist, but no one makes the distinction between city and country. What kind of nature is city nature? It's a piece of man's mind. To live in the city is to live inside oneself. One's current hallucinations call out to others'... as real as buildings or pictures.
Claes Oldenburg. "Extracts from the Studio Notes (1962-1964)," *Artforum* 4/5, 1966, pp. 32-33.

Toy Box, 1963

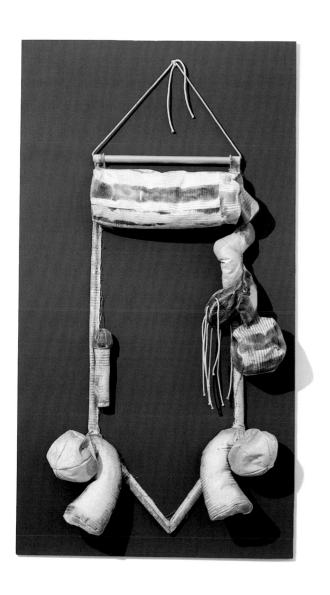

Soft Engine Parts No. 2 – Airflow Model No. 6 (Filter and Horns), 1965

Soft Medicine Cabinet, 1966

Three Way Plug, Model, 1969

Alphabet (Alphabet in the Form of a Good Humor Bar), 1975

James Rosenquist

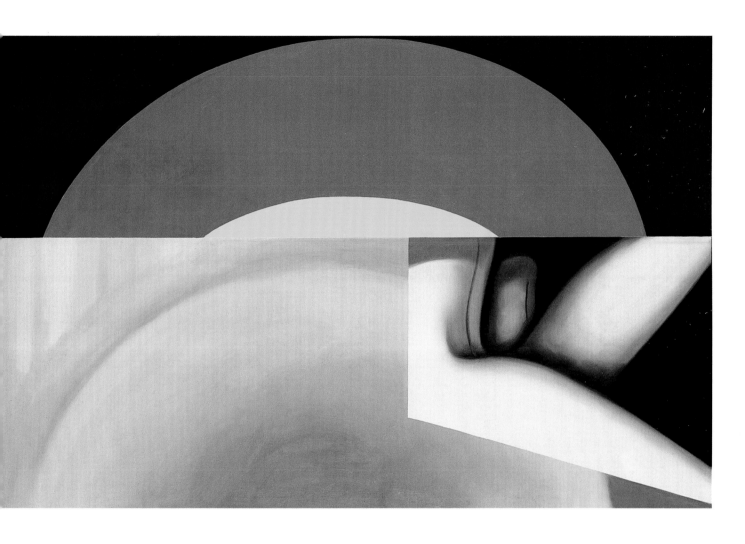

TW: Algumas das piores coisas que li sobre a *pop art* vieram dos seus admira-
dores. Começa a parecer que praticam uma espécie de culto da nostalgia:
veneram mesmo a Marilyn Monroe ou a Coca-Cola. A importância que as
pessoas dão aos objectos que o artista usa é irrelevante. Comecei a usar
elementos retirados da publicidade gradualmente. Um dia usei uma imagem
minúscula de uma garrafa em cima de uma mesa numa das minhas pequenas
colagens de nus. Era a extensão lógica do que eu andava a fazer. Uso imagens
de cartazes publicitários porque constituem a representação real, especial,
de alguma coisa, e não porque estão num cartaz. As imagens publicitárias
estimulam-me sobretudo por causa do que eu posso fazer com elas. Do mesmo
modo, uso objectos reais porque preciso de usar objectos, não por os objectos
precisarem de ser usados. Mas os objectos ficam a fazer parte do quadro
porque não faço *ambientes*. Os meus tapetes não se destinam a ser pisados.
Tom Wesselman, citado in G. R. Swenson, "What is Pop Art?", Parte II, *Art News* 62/7,
Novembro de 1963, pp. 24-27, 60-64.

Tom Wesselman: Some of the worst things I've read about Pop Art
have come from its admirers. They begin to sound like some nostalgia
cult: they really worship Marilyn Monroe or Coca-Cola. The importance
people attach to things the artist uses is irrelevant. My use of elements
from advertising came about gradually. One day I used a tiny bottle picture
on a table in one of my little nude collages. It was a logical extension of
what I was doing. I use a billboard picture because it is a real, special
representation of something, not because it is from a billboard. Advertising images excite me mainly because of what I can make from them. Also
I use real objects because I need to use objects, not because objects need
to be used. But the objects remain part of a painting because I don't make
environments. My rug is not to be walked on. Tom Wesselman, quoted in G. R. Swenson,
"What is Pop Art?," Part II, *Art News* 62/7, November 1963, pp. 24-27, 60-64.

Great American Nude No. 44, 1963

George Segal: What interests me is a series of shocks and encounters that a person can have moving through space around several objects placed in careful relationship.

…The look of these figures is both accidental and planned. I usually know generally what emotional stance I'd like to have in the finished figure and I ask the model to stand or sit in a certain way. That model though is a human being with a great deal of mystery and totality locked up in the figure. In spite of my technique certain truths of bone structure are revealed and so are long time basic attitudes of response on the part of the model. If you have to sit still for an hour you fall into yourself and it is impossible to hide, no matter the stance.

…The whiteness intrigues me; for all its special connotations of disembodied spirit, inseparable from fleshy corporeal details of the figure. Color itself interests me a great deal. In the total compositions I use the built-in color of the real objects and increasingly I'm concerned with color as light rather than color as paint.

…The largest problem lies in the emotional choice of the most moving or the most revelatory series of experiences. The peculiar shape and qualities of the actual empty air surrounding the volumes become an important part of the expressiveness of the whole piece. The distance between two figures or between a figure and another object becomes crucial. My pieces often don't end at their physical boundaries.

George Segal interviewed by Henry Geldzahler. "An Interview with G.S.," *Artforum* 3/2, 1964, pp. 26, 27, 29.

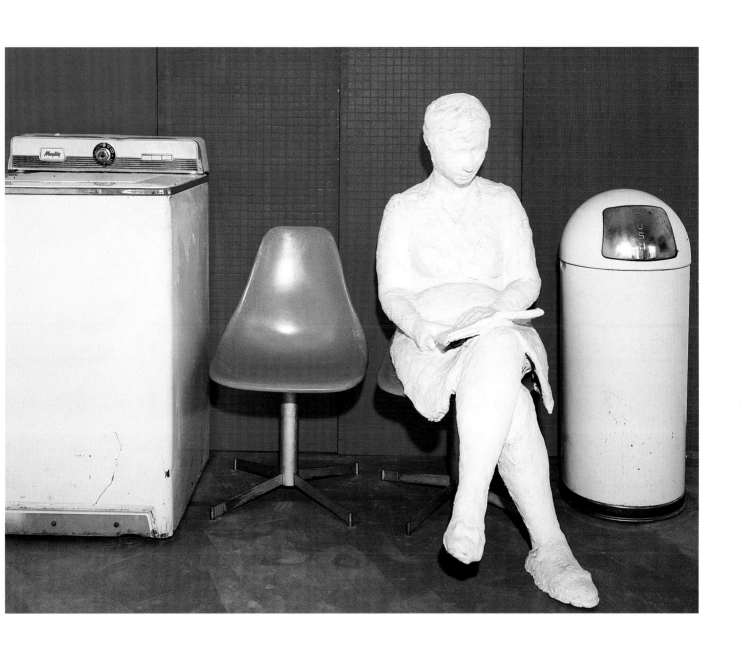

Laundromat, 1966-1967

GS: O que me interessa é a série de choques e encontros que uma pessoa pode ter quando se movimenta num espaço por entre vários objectos cuidadosamente relacionados.

[...] O aspecto dessas figuras é ao mesmo tempo acidental e intencional. Normalmente, sei, em termos gerais, que postura emocional gostaria de conseguir na figura acabada e peço ao modelo que se coloque de pé ou sente de determinada forma. Esse modelo é um ser humano, em cuja figura se encerra uma grande dose de mistério e totalidade. Apesar da minha técnica, certas verdades da estrutura óssea revelam-se, tal como arreigadas atitudes básicas de resposta da parte do modelo. Quando uma pessoa tem que ficar sentada e imóvel durante uma hora, acaba por adoptar determinada posição e é impossível escondê-lo, seja ela qual for.

[...] A brancura intriga-me, com todas as conotações que tem com o espírito desencarnado, inseparável dos pormenores carnais do corpo da figura. A cor em si interessa-me muito. Nas minhas composições uso as cores intrínsecas dos objectos reais e cada vez mais a cor me interessa enquanto luz e não enquanto tinta.

[...] O grande problema é a escolha emocional da série de experiências mais comoventes ou mais reveladoras. A forma e as qualidades particulares do ar vazio que rodeia os volumes tornam-se parte importante da expressividade de toda a peça. A distância entre duas figuras, ou entre uma figura e outro objecto, passa a ser crucial. As minhas peças muitas vezes não terminam nas suas fronteiras físicas. George Segal entrevistado por Henry Geldzahler, in "An Interview with G.S.", *Artforum* 3/2, 1964, pp. 26, 27, 29.

Farmworker, 1963

Man Leaning on Car Door, 1963

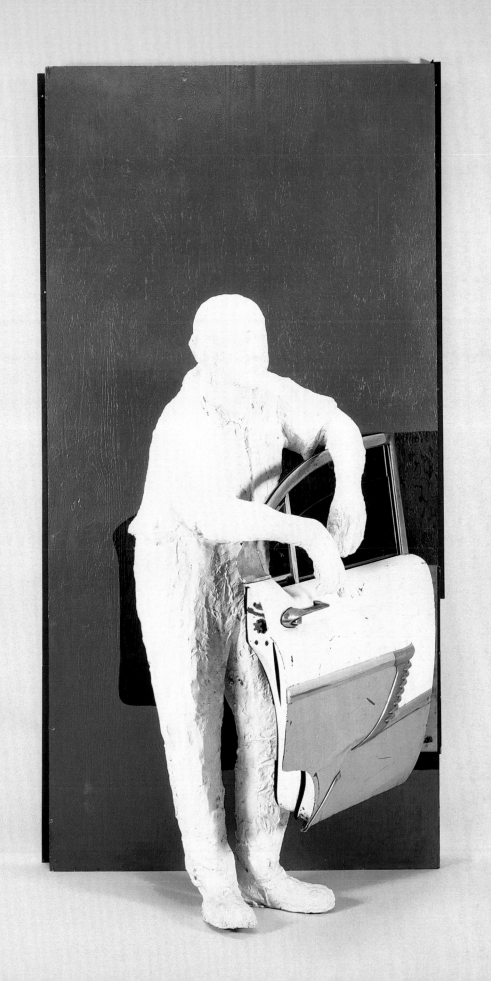

AW: Não acho que esteja a representar em alguns dos meus quadros os prin-
cipais símbolos sexuais do nosso tempo, como Marilyn Monroe ou Elizabeth
Taylor. Para mim, a Monroe é uma pessoa como outra qualquer. Quanto a saber
se é simbólico pintar a Monroe com cores tão violentas: é beleza, e ela é bela,
e se há coisa bela no mundo é uma cor bonita, é tudo. Ou alguma coisa.
O quadro da Monroe fazia parte de uma série sobre a morte que eu estava a
fazer, sobre pessoas que tinham morrido de diversas maneiras. Não havia uma
razão profunda para fazer uma série sobre a morte, não eram vítimas do seu
tempo; não havia qualquer razão para o fazer, apenas uma razão superficial.
Andy Warhol, citado in Gretchen Berg, "Andy: My True Story", *Los Angeles Free Press*,
17 de Março de 1967.

Andy Warhol: I don't feel I'm representing the main sex symbols of
our time in some of my pictures, such as Marilyn Monroe or Elizabeth
Taylor. I just see Monroe as just another person. As for whether it's sym-
bolical to paint Monroe in such violent colors: it's beauty, and she's beautiful and if something's beautiful it's pretty colors, that's all. Or something.
The Monroe picture was part of a death series I was doing, of people
who had died by different ways. There was no profound reason for doing
a death series, no victims of their time; there was no reason for doing it
all, just a surface reason. Andy Warhol, quoted in Gretchen Berg. "Andy: My True Story," *Los Angeles
Free Press*, 17 March 1967.

Hammer and Sickle, 1977

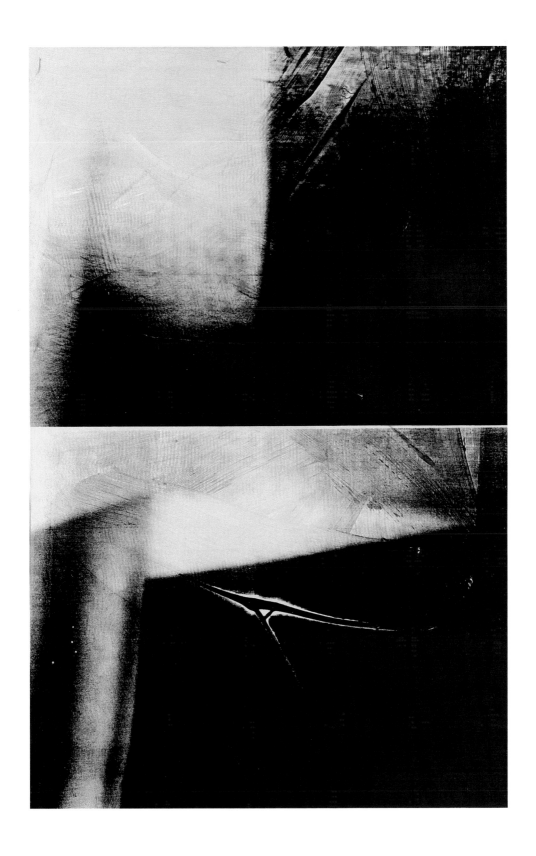

Shadow (Double), 1978

AW: Quanto mais avançávamos para ocidente [para a Califórnia, em 1963], mais *pop* as coisas nos pareciam nas auto-estradas. De repente todos nos sentíamos em casa porque, muito embora a *pop* estivesse em toda a parte – porque era isso mesmo que acontecia, a maioria das pessoas achava-a a coisa mais normal do mundo, enquanto que nós estávamos deslumbrados com ela –, para nós, era a nova Arte. Depois de uma pessoa se "tornar" *pop* nunca mais conseguia ver um letreiro do mesmo modo. Uma vez que se começasse a pensar *pop*, nunca mais se conseguia ver a América da mesma maneira. Andy Warhol, citado in Andy Warhol e Pat Hackett, *POPism: The Warhol 60's*, Harcourt Brace Jovanovich, Nova Iorque, 1980, p. 50.

AW: The farther west we drove [to California, in 1963], the more Pop everything looked on the highways. Suddenly we all felt like insiders because even though Pop was everywhere – that was the thing about it, most people still got it for granted, whereas we were dazzled by it – to us, it was the new Art. Once you "got" Pop, you could never see a sign the same way again. And once you got Pop, you could never see America the same way again. Andy Warhol and Pat Hackett. *POPism: The Warhol 60's*. New York: Harcourt Brace Jovanovich, 1980, p. 50.

Friedrich II, 1986

Campbell's Soup (III, Golden on Red), 1985

Campbell's Soup (I, Green-Blue), 1985

Edward Kienholz

Roxy's, 1960-1961

H. C. Westermann

Untitled (Ghost Town), 1981

Abandoned Death Ship of No Port with a List, 1969

ABANDONED DEATH
SHIP OF NO PORT
WITH A LIST .
- BASSWOOD -

ER: Quando comecei a pintar, só fazia quadros de palavras que fossem expressões guturais, como *Smash, Boos* e *Eat*. Para mim não eram literatura, porque não representavam pensamentos completos. Essas palavras eram como flores numa jarra; eu simplesmente pintava palavras, como outras pessoas pintam flores. As palavras têm formas abstractas, vivem num mundo sem dimensões: podemos fazê-las de qualquer tamanho. Aliás, qual é o tamanho real? Ninguém sabe. Ed Ruscha entrevistado por Fred Fehlau, "Ed Ruscha", *Flash Art*, n.º 138, Janeiro--Fevereiro de 1988, p. 70.

Ed Ruscha: When I began painting, all my paintings were of words which were guttural utterances like *Smash*, *Boos* and *Eat*. I didn't see that as literature, because it didn't complete thoughts. Those words were like flowers in a vase; I just happened to paint words like someone else paints flowers. The words have these abstract shapes, they live in a world of no size: you can make them any size, and what's the real size? Nobody knows.

Ed Ruscha interviewed by Fred Fehlau. "Ed Ruscha", *Flash Art*, no. 138, January-February 1988, p. 70.

Talk about Space, 1963

George Brecht: The primary function of my art seems to be an expression of maximum meaning with a minimal image; that is, the achievement of an art of multiple implications, through simple, even austere, means. This is accomplished, it seems to me, by making use of all available conceptual and material resources. I conceive of the individual as part of an infinite space and time: in constant interaction with that continuum (nature), and giving order (physically or conceptually) to a part of the continuum with which he interacts.

Such interaction can be described in terms of two obvious aspects, matter-energy, and structure, or, practically, material and method. The choice of materials, natural and fabricated, metals, foils, glass, plastics, cloth, etc., and electronic systems for creating light and sound structures which change in time, follows inherently from certain intuitively chosen organizational methods. These organizational methods stem largely from other parts of my experience: randomness and chance from statistics, multi-dimensionality from scientific method, continuity of nature from oriental thought, etc. This might be emphasized: the basic structure of my art comes primarily from aspects of experience unrelated to the history of art; only secondarily, and through subsequent study, do I trace artistic precursors of some aspects of my present approach. George Brecht, quoted in "Project in Multiple Dimensions (1957-1958)," in Henry Martin (ed.). *An Introduction to George Brecht's Book of the Timbler on Fire*. Milan: Multhipla Edizioni, 1978, pp. 126-127.

Dispenser, 1960

Sign of the Times, 1973

Little Anarchist Dictionary, 1969

GB: A função principal da minha arte parece ser exprimir um máximo de significado com um mínimo de imagem, isto é, conseguir uma arte de múltiplas implicações recorrendo a meios simples, austeros mesmo. Isso alcança-se, parece-me, fazendo uso de todos os recursos conceptuais e materiais disponíveis. Para mim, o indivíduo faz parte de um espaço e de um tempo infinitos, em constante interacção com esse *continuum* (a natureza) e dando ordem (física ou conceptualmente) à parte do *continuum* com a qual interage.

Tal interacção pode ser descrita em função de dois aspectos óbvios, a matéria-energia e a estrutura, ou, na prática, o material e o método. A escolha dos materiais – naturais e fabricados, metal, lâmina, vidro, plástico, pano, etc. e sistemas electrónicos para criar estruturas de luz e som que mudam com o tempo – é consequência intrínseca de certos métodos de organização intuitivamente escolhidos. Esses métodos de organização provêm, em grande medida, de outros aspectos da minha experiência: o acaso e a sorte da estatística, a multi-dimensionalidade do método científico, a continuidade da natureza do pensamento oriental, etc. Poderia acentuar que a estrutura básica da minha arte vem fundamentalmente de aspectos da experiência que não se relacionam com a história da arte; é apenas *a posteriori*, através de uma análise subsequente, que localizo os precursores artísticos de alguns aspectos da minha abordagem actual. George Brecht, citado em "Project in Multiple Dimensions (1957-1958)", in Henry Martin (ed.), *An Introduction to George Brecht's Book of the Timbler on Fire*, Multhipla Edizioni, Milão, 1978, pp. 126-127.

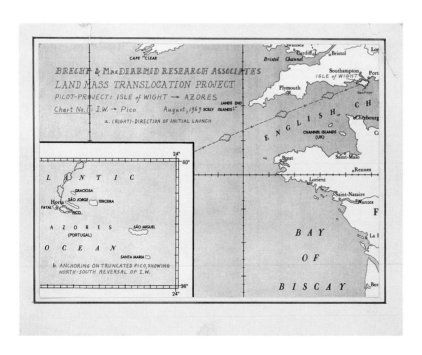

Land Mass Translocation Project: Isle of Wight/Azores, 1969

The Case (Suit Case), 1959

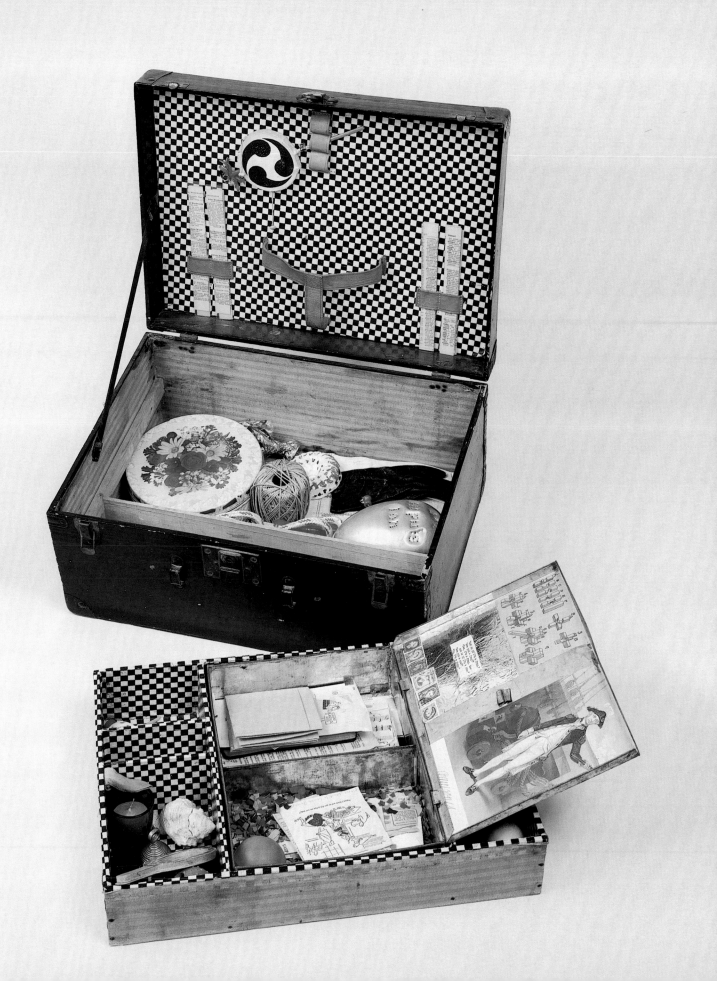

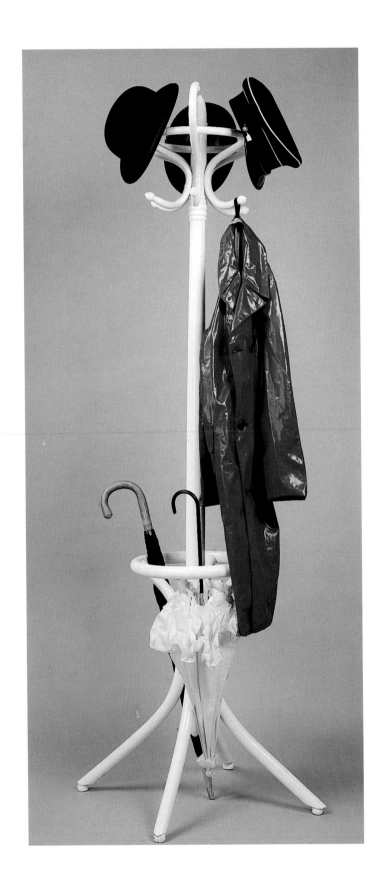

Coat Rack (Clothes Tree), 1962-1963

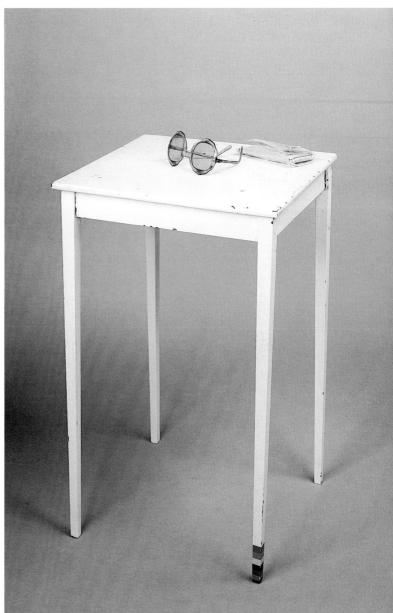

Chair Event, 1960
Table with Rainbowleg, 1962-1963

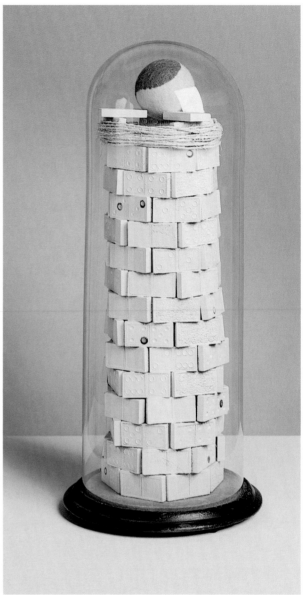

Redemption Dome, 1959

White Domino Piece with String and Blue and White Ball (in Glass Dome), 1969

132

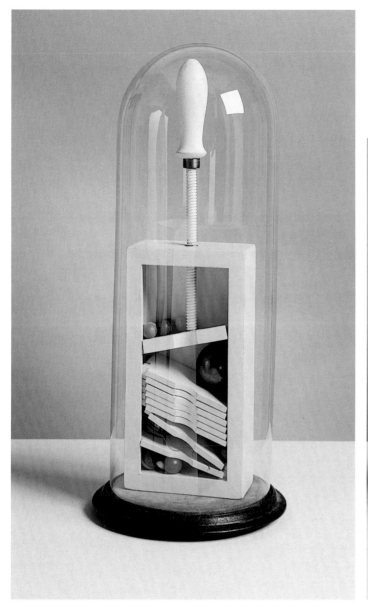

Perfectionne Extra Superior, 1970

Monument to the Revolution, 1970

Erwin Heerich: My sculptures share a common trait in terms of material. This material is a thin skin that determines the form; in other words, no mass, no core, but a process of development from the plane into space... Cardboard is a very neutral, amorphous material. It doesn't have any particular aesthetic or historically determined value. This characteristic was very important to me, since the results essentially pointed back to the process of emergence. It was very interesting and adventurous for me to see how a body like this grows from the planar state into space, the way it looks at a particular stage of this process, what measures have to be taken to insure its stability.

In terms of their undifferentiated appearance, my sculptures, in their character as objects, have an emphasis on reduction in common with Minimal Art. Yet while in Minimal Art an articulation of the mass relationships of an object plays hardly any role, this relationship of masses, proportions, numbers is a key criterion of my activity. My sculptural objects rest within themselves. Their participation in a spatial ambience is not something I strive for... For me, in other words, sculpture is the creation of a body whose development reflects a self-referential system of organization.

Erwin Heerich, quoted in Wulf Herzogenrath (ed.). *Selbstdarstellung. Künstler über sich*. Düsseldorf: Droste Verlag, 1973, pp. 75, 79. 80.

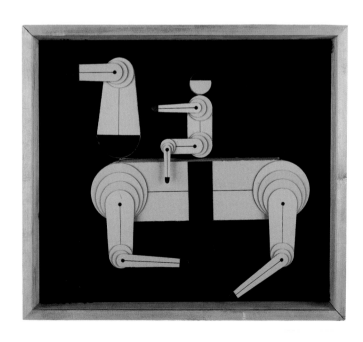

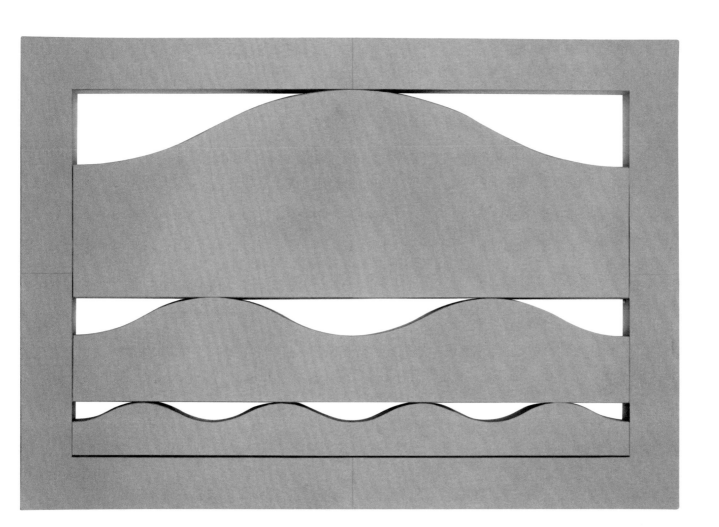

EH: As minhas esculturas têm todas em comum o material. Esse material é uma pele fina que determina a forma; ou seja, não há massa, não há centro, mas um processo de evolução do plano para o espaço. [...] O cartão é um material muito neutro, amorfo. Não tem qualquer valor particular, estético ou histórico. Esta característica foi muito importante para mim, pois, da perspectiva dos resultados, ela apontava essencialmente para o processo de criação. Foi para mim muito interessante, uma aventura, ver de que modo um corpo como este passa do estado planar para o espaço, o seu aspecto em determinada fase desse processo, que medidas devem ser tomadas para garantir a sua estabilidade.

Quanto ao seu aspecto indiferenciado, as minhas esculturas, na sua condição de objectos, têm em comum com a arte minimalista uma ênfase no sentido da redução. Porém, enquanto que na arte minimalista a articulação das proporções de um objecto não tem qualquer importância, essa relação entre massas, proporções, números é um critério fundamental na minha actividade. Os meus objectos plásticos bastam-se a si próprios. A sua participação num ambiente espacial não é um objectivo [...]. Por outras palavras, para mim a escultura é a criação de um corpo cujo aparecimento reflecte um sistema de organização auto-referencial. Erwin Heerich, citado in Wulf Herzogenrath (ed.), *Selbstdarstellung. Künstler über sich*, Droste Verlag, Düsseldorf, 1973, pp. 75, 79, 80.

Opus I in Pappe, 1954

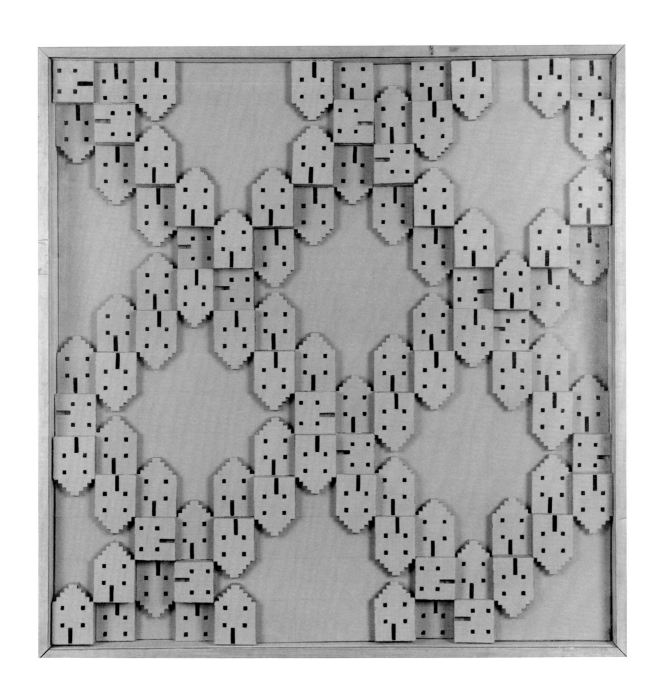

Kleine Stadt (Siedlung), 1953-1956

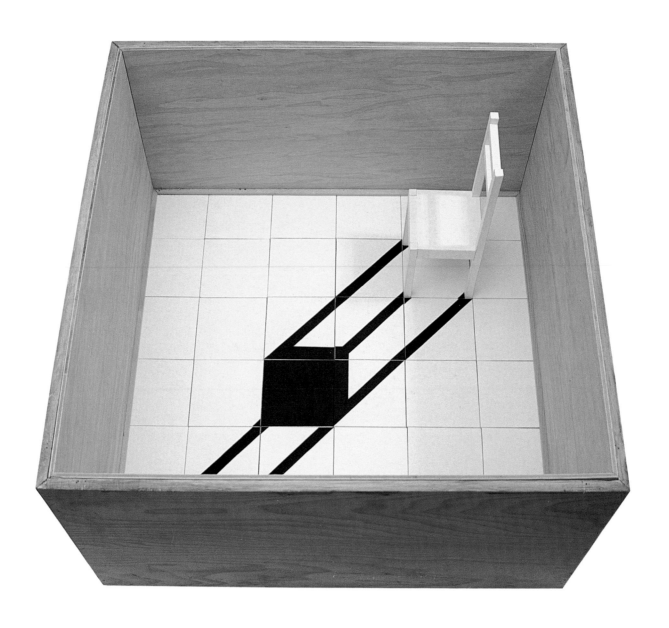

Stuhl, 1960

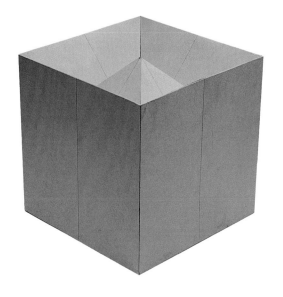

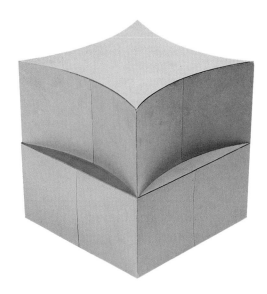

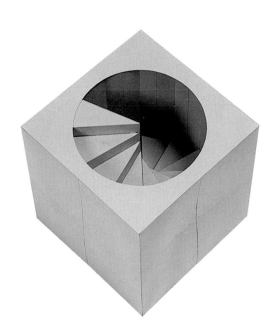

Konkaves Quadrat auf Quadrat, 1960 • Kreuzwürfel, 1960

Relief with Black Volutes, 1961 • Spiralgang, 1965

DR: Por volta de 1960, na primeira temporada que passei em Hellner Island, resolvi arrumar a zona em volta da casa. Tábuas de navios despedaçados prestes a transformar-se em erva e húmus, varões de ferro, cabinas de timoneiro, redes e bóias espalhavam-se pela falésia (sobre a qual a casa está construída). Encontrei Kristinn, que andava por ali a passear e parecia olhar com prazer e satisfação aqueles objectos que se fundiam com a terra. Quando lhe perguntei o que achava daquilo que eu considerava uma tremenda desordem, ele respondeu que queria guardar aquelas coisas em memória do pai, que ali vivera e fora pescador, como se estivessem num museu – um museu onde os objectos conservados desapareceriam a pouco e pouco. De certo modo, isso curou-me da minha patológica mania das arrumações. Não só é cómodo não ter que apanhar as coisas que se espalham à nossa volta como é comovente e emocionante observá-las e assistir à sua decomposição. Dieter Roth, *Ein Tagebuch aus dem Jahre 1982*, 1984.

Dieter Roth: Around 1960, when I spent the first period on Hellner Island, I started cleaning up around the house. Boards from wrecked boats that were in the process of turning into grass and humus, iron bands, wheelhouses, nets, floats lay scattered along the cliff (on which the house stands). I met Kristinn, who was walking there and apparently looking with pleasure and satisfaction at these objects merging with the ground. When I asked him about what seemed to me an astonishing disorder, he said he wanted to keep these things in memory of his father, who had lived there as a fisherman, as if in a museum – a museum where the things stored in it would gradually disappear. In a certain sense, this largely cured me of my pathological tidiness. It is not only convenient not to have to pick up stuff that is lying around; it gives you a moving, euphoric feeling to look at it and watch it decompose. Dieter Roth. *Ein Tagebuch aus dem Jahre 1982*, 1984.

Flugzeugabsturz, 1967

SW: Imaginem uma cadeira de cozinha normal, de madeira, uma cadeira perfeitamente vulgar, da qual se extrai um molde negativo, a partir do qual se
faz depois um molde positivo em massa de borracha de apagar. Daquelas borra-
chas vermelhas e azuis, estão a ver? E do facto de essa massa de borracha se
alterar depois de submetida a determinado peso, tracção e pressão resultariam
provavelmente centenas de variações, formas alteradas de cadeiras muito
difíceis de reproduzir em madeira ou noutros materiais. Como disse, nunca
fiz esta cadeira. Assim, se hoje se vê cadeiras que parecem mover-se de um
lado para o outro, inclinar-se, torcer-se, ou o que for, trata-se apenas, do meu
ponto de vista, de fases individuais que remetem, todas elas, para esta cadeira.
Stefan Wewerka, citado in Wulf Herzogenrath (ed.), *Selbstdarstellung. Künstler über sich*,
Droste Verlag, Düsseldorf, 1973, p. 235.

Stefan Wewerka: Imagine a normal wooden kitchen chair, a quite
ordinary chair, which you cast in a negative mold, from which you then
make a positive cast in liquid eraser rubber. Like these blood-red erasers,
you know? And the fact that this rubber material would change under
loading, under stress and pressure, would probably lead to hundreds of
variations, deformed chair shapes that would be very hard to reproduce
in wood or other materials. As I said, I never actually made this chair. So
when you see these chairs moving around the place in some strange form
or other – skewed, warped, or whatever – these are only individual phases
for me, all of which actually go back to this chair. Stefan Wewerka, quoted in Wulf
Herzogenrath (ed.). *Selbstdarstellung. Künstler über sich*. Düsseldorf: Droste Verlag, 1973, p. 235.

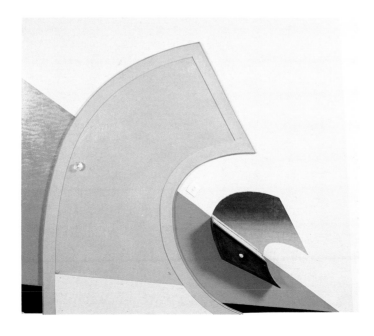

H+D Türen, 1969
Türobjekt, 1971-1972

RS: É impossível dizer o que é que está suspenso onde e o que é que está a apoiar o quê. As partes de cima tornam-se partes de baixo e as partes de baixo tornam-se partes de cima. Uma estranha materialidade inerente à superfície devora a estrutura. Tanto a superfície como a estrutura existem ao mesmo tempo num estado suspenso. O que está no exterior desaparece para ir ao encontro do que está no interior, enquanto o que está no interior desaparece para encontrar o que está no exterior. O conceito de "anti-matéria" alastra e enche tudo, fazendo estas obras muito definitivas raiarem a noção de desapa-recimento. O fenómeno importante é sempre a falta básica de substância no cerne dos "factos". Quando mais tentamos apreender a estrutura superficial, mais desconcertante ela se torna. A obra parece não ter equivalente natural em nenhuma coisa física; no entanto, não evoca senão o físico. Robert Smithson, citado in Jack Flam (ed.), *Robert Smithson: The Collected Writings,* University of California Press, Berkeley, 1996, p. 6.

Robert Smithson: It is impossible to tell what is hanging from what or what is supporting what. Ups are downs and downs are ups. An uncanny materiality inherent in the surface engulfs the basic structure. Both surface and structure exist simultaneously in a suspended condition. What is outside vanishes to meet the inside, while what is inside vanishes to meet the outside. The concept of "antimatter" overruns, and fills every-thing, making these very definite works verge on the notion of disappear-ance. The important phenomenon is always the basic lack of substance at the core of the "facts". The more one tries to grasp the surface structure, the more baffling it becomes. The work seems to have no natural equiva-lent to anything physical, yet all it brings to mind is physicality.

Robert Smithson, quoted in Jack Flam (ed.) *Robert Smithson. The Collected Writings*. Berkeley: University of California Press, 1996, p. 6.

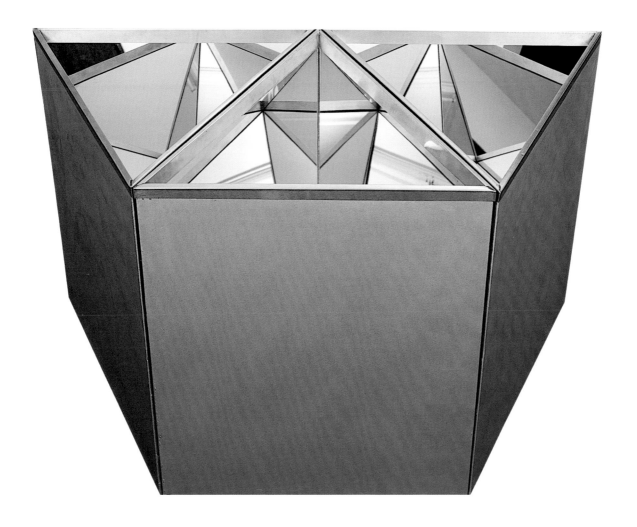

Mirror Vortex, 1966

RS: A justaposição das chapas de aço que formam esta cruz aberta cria um volume de espaço que tem um interior e um exterior, aberturas e direcções, partes de cima, partes de baixo, lados direitos, lados esquerdos – coordenadas para o nosso corpo que entendemos quando percorremos esse espaço. Poderão dizer que isto parece bastante esotérico. Bem, uma das coisas que se aprende à medida que nos conciliamos com a articulação do espaço é que os sistemas espaciais são diferentes dos sistemas linguísticos pelo facto de não serem descritivos. A conclusão a que cheguei é que a filosofia e a ciência são disciplinas descritivas, mas a arte e a religião não. Richard Serra entrevistado por Liza Bear, "Sight Point '71 – '75 / Delineator '74 – '76", *Art in America*, Maio-Junho de 1976.

Richard Serra: The juxtaposition of the steel plates forming this open cross generates a volume of space which has an inside and outside, openings and directions, aboves, belows, rights, lefts – coordinates to your body that you understand when you walk through it. Now you might say that that sounds quite esoteric. Well, one of the things that you get into as you become more in tune with articulating space is that space systems are different than linguistic systems in that they're nondescriptive. The conclusion I've come to is that philosophy and science are descriptive disciplines whereas art and religion are not. Richard Serra interviewed by Liza Bear. "Sight Point '71 – '75 / Delineator '74 – '76," *Art in America*, May-June 1976.

No. 5 (Lead Piece), 1969

CA: Não considero participação o facto de se poder pisar muitas das minhas peças – as peças metálicas, sobretudo, ou algumas das peças compridas de madeira sobre as quais é possível caminhar. Penso é que se faz um apelo ao sentido táctil do observador, obrigando-o a ser sensível às propriedades do material. [...] Há um aspecto que tem a ver com participação que me agrada: é o facto de as minhas obras se prestarem a ser instaladas, quero dizer, poderem ser montadas e desmontadas com enorme facilidade, de modo que as pessoas podem ir buscá-las quando lhes apetecer mas também arrumá-las quando lhes apetecer. Carl Andre entrevistado por Jean Siegel, "Interview with Carl Andre", *Studio International*, Novembro de 1970.

Carl Andre: I don't consider the fact that a lot of my pieces – you can walk in the middle of them – metal pieces particularly or some of the long wooden pieces you can walk along – as participation, but rather I think there is a demand made on the tactile sense of the viewer, forcing the viewer to be sensitive to the properties of the material. ...There is one aspect of participation that I like and that is that my works lend themselves to installation, and I mean building and taking down very readily, so people can put them out when they want and put them away when they want too. Carl Andre interviewed by Jean Siegel. "Interview with Carl Andre," *Studio International*, November 1970.

Angle (Element Series), Two Element Timber Piece, 1960-1971

SL: As composições em série são peças compostas por diversas partes com mudanças regu-
lamentadas. As diferenças entre as partes são o tema da composição. Se algumas partes
permanecem constantes é para pontuar as mudanças. Toda a obra conteria subdivisões que
poderiam ser autónomas mas compreendendo o todo. As partes autónomas são unidades,
filas, conjuntos ou qualquer divisão lógica que seria lida como um pensamento completo.
A série seria lida pelo espectador de uma forma linear ou narrativa, mesmo que, na sua
forma final, muitos desses conjuntos operassem simultaneamente, dificultando a compre-
ensão. O objectivo do artista não seria instruir o espectador, mas fornecer-lhe informação.
Se o espectador compreende ou não essa informação, pouco importa ao artista: não podemos prever o entendimento de todos os nossos espectadores. Seguiríamos determinada
premissa até à sua conclusão, evitando a subjectividade. O acaso, o gosto, ou formas
inconscientemente recordadas não desempenhariam qualquer papel no resultado.
O artista que faz composições em série não procura produzir um objecto belo ou miste-
rioso, funciona apenas como um escriturário a catalogar os resultados da premissa.
Sol LeWitt, citado in Adachiara Zevi (ed.), *Sol LeWitt Critical Texts*, I Libri A.E.I.U.O., Roma, 1994, p.75.

Sol LeWitt: Serial compositions are multipart pieces with regulated
changes. The differences between the parts are the subject of the compo-
sition. If some parts remain constant it is to punctuate the changes.
The entire work would contain subdivisions that could be autonomous
but that comprise the whole. The autonomous parts are units, rows, sets,
or any logical division that would be read as a complete thought. The
series would be read by the viewer in a linear or narrative manner even
though in its final form many of these sets would be operating simultaneously, making comprehension difficult. The aim of the artist would not be
to instruct the viewer but to give him information. Whether the viewer
understands this information is incidental to the artist; one cannot foresee
the understanding of all one's viewers. One would follow one's predeter-
mined premise to its conclusion, avoiding subjectivity. Chance, taste, or
unconsciously remembered forms would play no part in the outcome.
The serial artist does not attempt to produce a beautiful or mysterious
object but functions merely as a clerk cataloging the results of the premise.
Sol LeWitt, quoted in Adachiara Zevi (ed.). *Sol LeWitt – Critical Texts*. Roma: I Libri di AEIUO, 1994, p. 75.

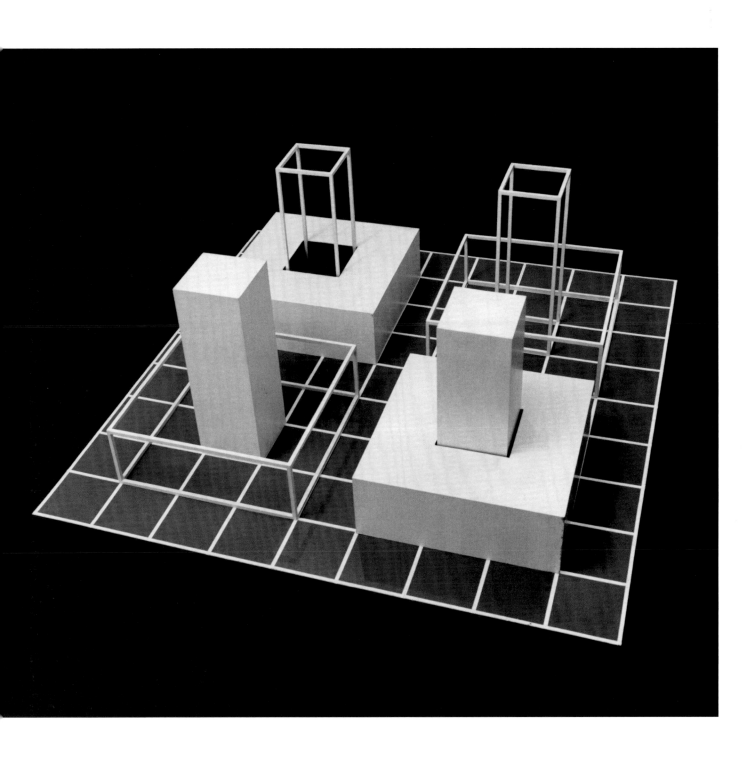

Untitled, Part Set ABCD, 1968

Frank Stella

Bonne Bay I, 1969

Robert Mangold

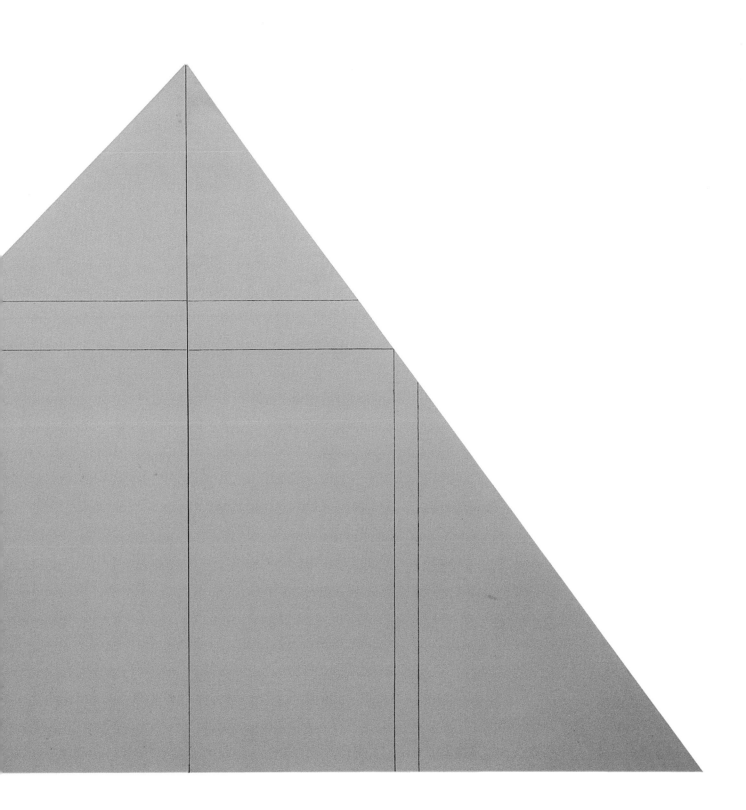

Untitled (Tan), 1977

Brice Marden

Robert Ryman

Capitol, 1977

DF: O tubo fluorescente e a sombra projectada pelo seu suporte pareceram-me tão irónicos que achei que não precisavam de mais nada. Não era necessário integrar aquela lâmpada numa composição; ela impunha-se por si, de forma directa, dinâmica, dramática, na parede do meu *atelier* – uma imagem gasosa flutuante e implacável cujo brilho reduzia a sua presença física a uma quase invisibilidade. Dan Flavin, "… In Daylight or Cool White", *Artforum* 4/4, Dezembro de 1965, pp. 20-24.

Dan Flavin: The radiant tube and the shadow cast by its pan seemed ironic enough to hold on alone. There was no need to compose this lamp in place; it implanted itself directly, dynamically, dramatically in my workroom wall – a buoyant and relentless gaseous image which, through brilliance, betrayed its physical presence into approximate invisibility. Dan Flavin. "… In Daylight or Cool White," *Artforum* 4/4, December 1965, pp. 20-24.

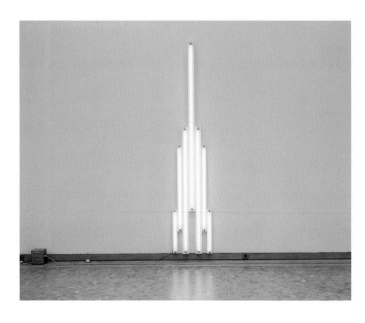

Monument for V. Tatlin, 1966

Untitled (Red and Blue / for Mrs. Sonnabend), 1968

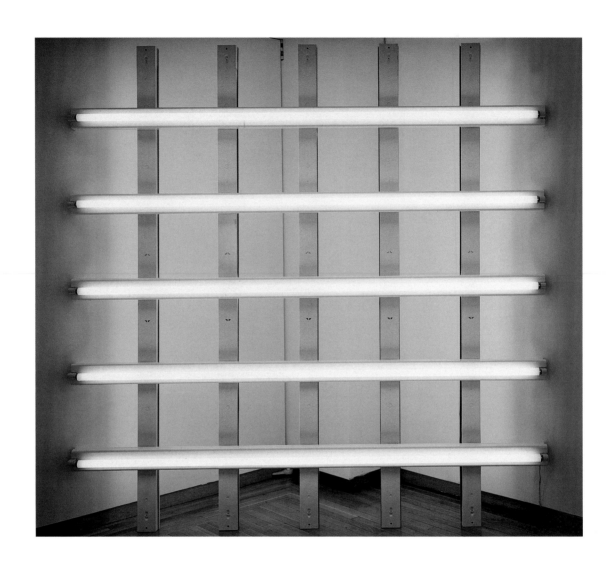

Untitled, 1987
Untitled (to Frank Stella), 1966

Keith Sonnier

Light Piece (Mirror Act V), 1969

HH: Uma variação sobre este princípio: um recipiente cheio de água no qual se mergulha uma serpentina de refrigeração, neste caso um anel. Normalmente, a serpentina fica no fundo do recipiente. Quando o gelo se forma, ela começa a flutuar porque o gelo é mais leve do que a água. O gelo, rodeado de água, é límpido, transparente. Quando a serpentina, coberta de gelo, emerge e atrai a humidade do ar, esta congela e torna-se branca como a neve. Como noutras obras, a temperatura da sala desempenha um papel determinante. Hans Haacke, citado in Wulf Herzogenrath (ed.), *Selbstdarstellung. Künstler über sich*, Droste Verlag, Düsseldorf, 1973, p. 63.

Hans Haacke: A variation on this principle: a water container into which a cooling coil, in this case a ring, is dipped. Normally the coil lies on the bottom of the container. When ice forms, it begins to float, because ice is lighter than water. The ice surrounded by water is clear, transparent. When the ice-covered coil emerges from the water and attracts humidity from the air, it freezes as white as snow. And as in the other works, the temperature of the room plays a determining role." Hans Haacke, quoted in Wulf Herzogenrath (ed.). *Selbstdarstellung. Künstler über sich*. Düsseldorf: Droste Verlag, 1973, p. 63.

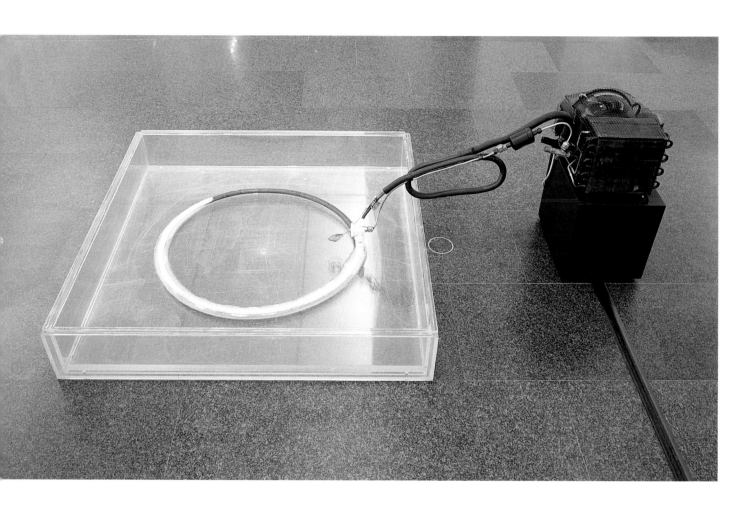

Eisbildung, 1970

DB: Consideramos que o nosso trabalho é essencialmente crítico. Crítico em relação à sua emergência, na medida em que revela as suas próprias contradições intrínsecas [...]. Quem se afirma capaz de ultrapassar os limites que lhe são impostos mais não faz do que fortalecer a ideologia predominante, que do artista apenas espera mudança. A arte não é livre e o artista não se exprime livremente. A arte não pode oferecer a profecia de uma sociedade livre.
A liberdade em arte é o privilégio e o luxo de uma sociedade repressiva. A arte, sob qualquer forma, é exclusivamente política. É, pois, imperativa a análise dos limites formais e culturais [...] dentro dos quais a arte existe e trava a sua luta.
Daniel Buren, *Limites critiques*, 1970.

Daniel Buren: We consider our work to be essentially critical. Critical with respect to its emergence, in that it reveals its own intrinsic contradictions... Whoever pretends to be able to escape the limits imposed upon him, merely strengthens the prevailing ideology, which always expects only change from the artist. Art is not free, and the artist does not express himself freely. Art cannot offer the prophecy of a free society. Liberty in art is the privilege and luxury of a repressive society. Art, in whatever form it is made, is solely political. An analysis of the formal and cultural limits... within which art exists and struggles, is therefore imperative. Daniel Buren.
Limites critiques, 1970

Tissu rayé vert et blanc, 1970

JK: As obras de arte são proposições analíticas. Isto é, vistas no seu contexto – enquanto arte –, não fornecem qualquer informação sobre qualquer assunto. Uma obra de arte é uma tautologia na medida em que é uma apresentação da intenção do artista, isto é, ele está a dizer que determinada obra de arte é arte, o que significa que é uma *definição* de arte. Assim, que a arte é arte é *a priori* verdade.

[...] O que a arte tem em comum com a lógica e a matemática é o facto de ser uma tautologia, ou seja, a "ideia artística" (ou a "obra") e a arte são a mesma coisa e podem ser apreciadas como arte sem ser necessário sair do contexto da arte para verificá-lo. Joseph Kosuth, "Art After Philosophy," *Studio International* 178, n.º 915, Outubro de 1969, pp. 134-137.

Joseph Kosuth: Works of art are analytic propositions. That is, if viewed within their context – as art – they provide no information what-so-ever about any matter of fact. A work of art is a tautology in that it is a presentation of the artist's intention, that is, he is saying that a particular work of art *is* art, which means, is a *definition* of art. Thus, that art is art is true *a priori*.

...What art has in common with logic and mathematics is that it is a tautology; i.e., the "art idea" (or "work") and art are the same and can be appreciated as art without going outside the context of art for verification.
Joseph Kosuth. "Art After Philosophy," *Studio International* 178, no. 915, October 1969, pp. 134-137.

Art as Idea as Idea (Black), 1967

On Kawara

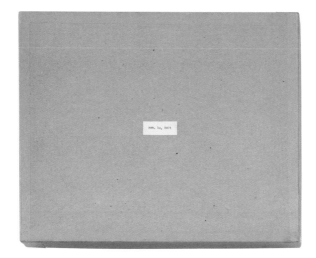

Date Painting, Feb. 16, 1971, 1971

LW: A poesia é, essencialmente, algo que não se pode traduzir; só é possível conseguir-se uma tradução aproximada. Ela é feita não para ser traduzida mas para possuir a beleza, a forma e o sentido da própria linguagem, enquanto que o meu trabalho é concebido para ser traduzido, quer em forma física, quer noutros idiomas e isso parece-me uma diferença suficiente. A literatura ocupa-se essencialmente de uma realidade subjectiva e a arte ocupa-se essencialmente de uma realidade objectiva. Entrevista com Lawrence Weiner, 14 de Abril de 1989 in Dieter Schwarz (ed.), *Lawrence Weiner. Books, 1968-1989: catalogue raisonné*, Walther König, Colónia, 1989, p. 147.

Lawrence Weiner: Poetry essentially is something that is not translatable; it's possible to get an approximate translation, it's made not to be translated, it's made to have the beauty and the form and the sense of the language itself, and my work is designed initially to be translated, either into physical form or into languages, and that's enough of a difference for me. Literature is essentially about a subjective reality, and art is essentially about an objective reality. Interview with Lawrence Weiner, April 14, 1989. Published in Dieter Schwarz (ed.). *Lawrence Weiner. Books, 1968-1989: catalogue raisonné*. Cologne: Walther König, 1989, p. 147.

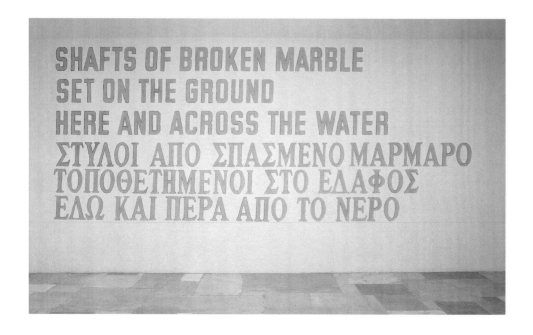

No. 573 Shafts of Broken Marble Set on the Ground Here and Across the Water, 1987

STACKS OF BRICK HOLDING A ROOF
ABOVE THE GROUND

SOME BAMBOO LASHED TO SOME
BAMBOO TO KEEP ITSELF
ABOVE THE GROUND

CONCRETE POURED UNTIL IT SETS
ITSELF ABOVE THE GROUND

A PIECE OF STEEL HOLDING A LOT
OF GLASS ABOVE THE GROUND

LENGTHS OF SILK HUNG ON POLES
ABOVE THE GROUND

MH: A minha obra relaciona-se intimamente com a minha própria experiência, por exemplo, as minhas associações pessoais com a terra são muito reais. Gosto realmente dela, gosto realmente de me deitar na terra. Não me sinto perto dela como um agricultor... E transcendi o mecânico, o que foi difícil. Não se tratou de uma transição artística legítima, mas psicologicamente foi importante porque o trabalho que estou actualmente a fazer com terra satisfaz alguns desejos muito básicos. Michael Heizer, in Michael Heizer, Dennis Oppenheim, Robert Smithson, "Discussions, 1968,1969", *Avalanche*, Abril de 1970, pp. 48-59.

Michael Heizer: My work is closely tied up with my own experience; for instance, my personal associations with dirt are very real. I really like it, I really like to lie in the dirt. I don't feel close to it in the farmer's sense... And I've transcended the mechanichal, which was difficult. It wasn't a legitimate art transition but it was psychologically important because the work I'm doing now with earth satisfies some very basic desires. Michael Heizer, in Michael Heizer, Dennis Oppenheim, Robert Smithson, "Discussions, 1968, 1969," *Avalanche*, April 1970, pp. 48-59.

Untitled No. 9, 1975

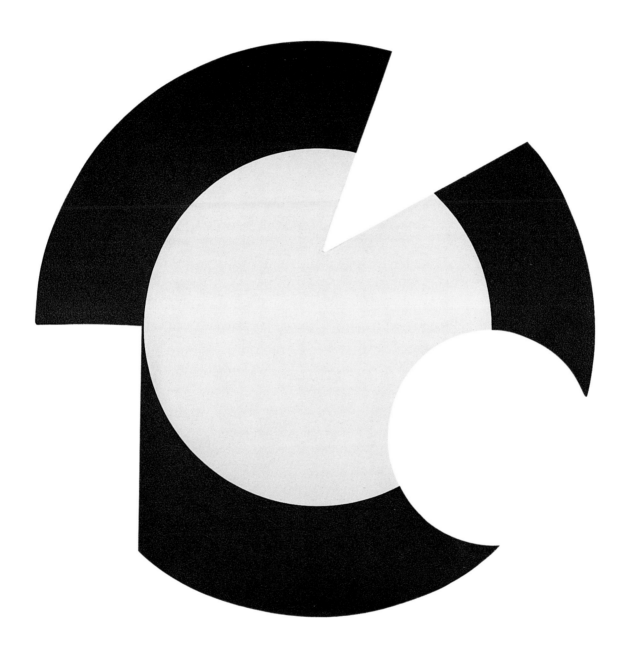

Untitled No. 2, 1975

Untitled No. 1 (Slate), 1974

Untitled No. 5, 1967-1972

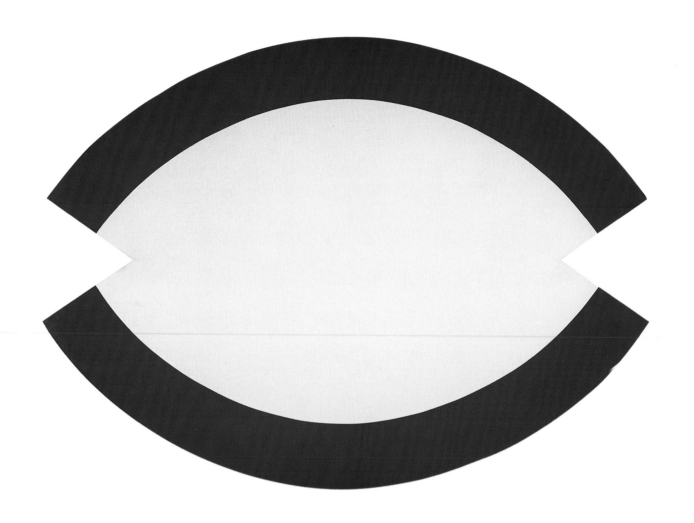

Untitled No. 7, 1974

Richard Tuttle

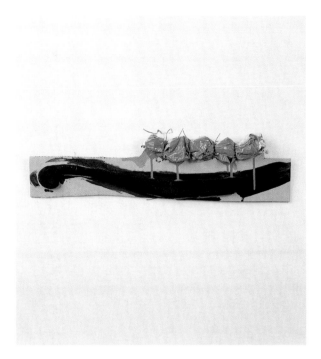

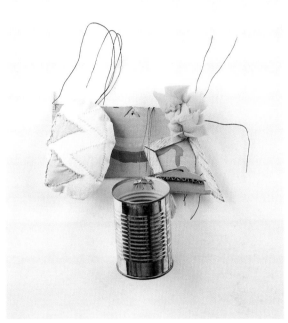

Two or More I, 1984 • Two or More IV, 1984

Two or More IX, 1984 • Two or More XII, 1984

Markus Lüpertz

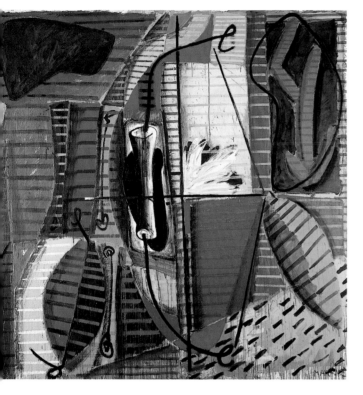
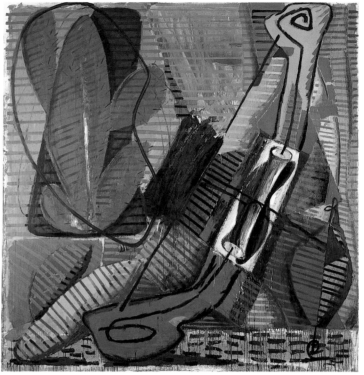

Amor und Psyche I - III, 1978-1979

Peter Halley: The deployment of the geometric dominates the landscape. Space is divided into discrete, isolated cells, explicitly determined as to extent and function. Cells are reached through complex networks of corridors and roadways that must be traveled at prescribed speeds and at prescribed times. The constant increase in the complexity and scale of these geometries continuously transforms the landscape.

…The regimentation of human movement, activity, and perception accompanies the geometric division of space. It is governed by the use of time-keeping devices, the application of standards of normalcy, and the police apparatus. In the factory, human movement is made to conform to rigorous spatial and temporal geometries. At the office, the endless recording of figures and statistics is presided over by clerical workers.

Along with the geometrization on the landscape, there occurs the geometrization of thought. Specific reality is displaced by the primacy of the model. And the model is in turn imposed on the landscape, further displacing reality in a process of ever more complete circularity. Peter Halley, "Deployment of the Geometric" (1984), *Effects*, Winter 1986.

Total Recall, 1990

PH: A distribuição do geométrico domina a paisagem. O espaço divide-se em células discretas, isoladas, explicitamente definidas quanto à extensão e à função. Acede-se às células através de uma rede de corredores e caminhos que têm de ser percorridos a determinadas velocidades e a horas determinadas. O aumento constante da complexidade e da escala dessas geometrias altera continuamente a paisagem.

[...] A regulamentação do movimento, da actividade e da percepção humanas acompanha a divisão geométrica do espaço. É governada pela utilização de dispositivos para contar o tempo, pela aplicação de padrões de normalidade e pelo aparato policial. Na fábrica, o movimento humano tem de corresponder a rigorosas geometrias espaciais e temporais. No escritório, o interminável registo de algarismos e estatísticas é controlado por trabalhadores administrativos. Paralelamente à geometrização da paisagem, tem lugar a geometrização do pensamento. A realidade específica é suplantada pela primazia do modelo. E o modelo é, por sua vez, imposto à paisagem, suplantando ainda mais a realidade, num processo de uma circularidade ainda mais complexa. Peter Halley, "Deployment of the Geometric" (1984), *Effects*, Inverno de 1986.

Black Cell with Conduit, 1987

(((0))), 1993

MK: Pode-se falar, mas a linguagem que rodeia uma imagem verdadeira nunca transmite a sua perfeição material. Uma boa imagem não precisa de explicações. A linguagem que a rodeia parece pertencer a outro mundo, divorciada do corpo e da alma. Resulta pedantemente patética, emocionalmente vazia. A coisa feita correctamente é a coisa que assume a sua própria naturalidade. E o natural só pode ser recuperado por meio de si mesmo. Só pode ser falado por meio de si mesmo. As leis que governam o verdadeiro ser não devem ser questionadas. Simplesmente existem. Questioná-las é destruir a sua naturalidade. Colocar questões transforma a verdade em mentira. Mike Kelley, *The Thirteen Seasons (Heavy on the Winter)*, Jablonka Galerie, Colónia, 1995.

Mike Kelley: One can speak, but the language that surrounds a true image never conveys its material perfection. An image that sits well defies explanation. Its surrounding language has an other-worldly air, divorced from body and soul. It comes off as pedantically technical, emotionally empty. The thing done correctly is the thing that assumes its own naturalness. And the natural is irretrievable through anything but itself. It can only be spoken through itself. The laws that govern true being must not be questioned. They simply are. To question them is to destroy their naturalism. To pose the questions makes the truth into a lie.

Mike Kelley. *The Thirteen Seasons (Heavy on the Winter)*. Cologne: Jablonka Galerie, 1995.

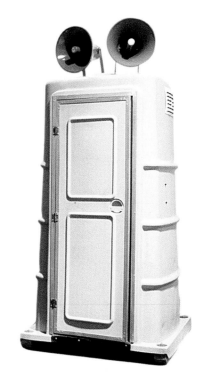

Private Address System, 1992

Torture Table, 1992

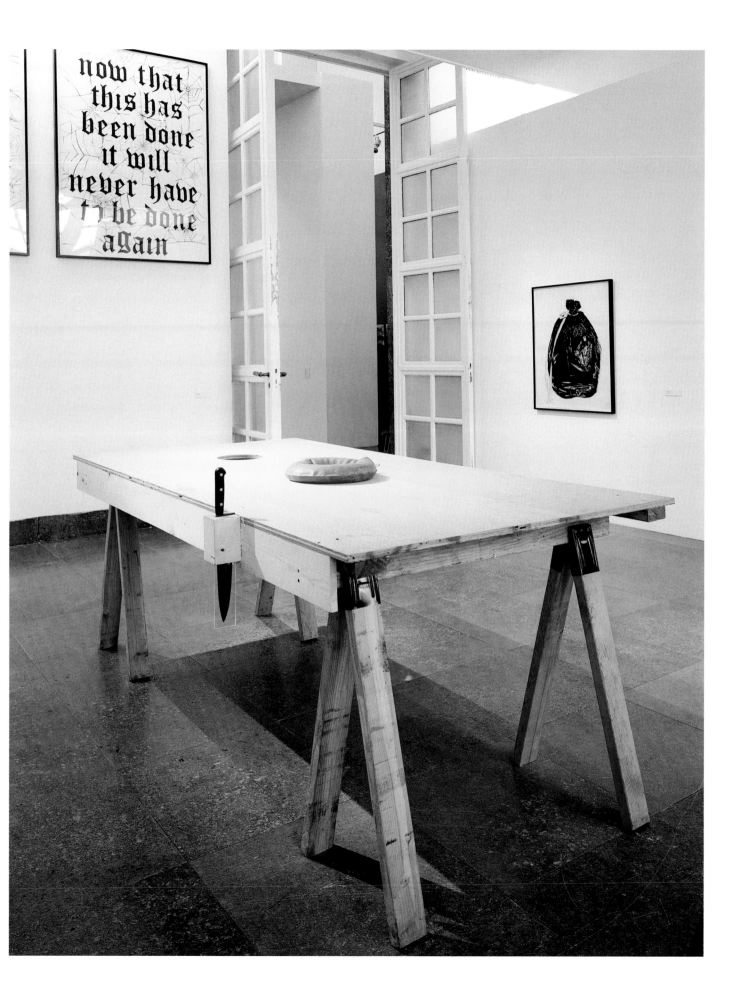

Orgone Shed, 1992

Colema Bench, 1992

Jason Rhoades

A Few Free Years, 1998

List of reproductions
Lista de ilustrações

Carl Andre (Quincy, Mas., United States, 1935)

Angle (Element Series), Two Element Timber Piece
[Ângulo (série de elementos), obra de madeira de dois elementos]
1960 – 1971
Wood / Madeira
120 x 90 x 30 cm

Arman (Nice, France, 1928)

Accumulation de machines
[Accumulation of machines / Acumulação de máquinas]
1959
Mixed media / Técnica mista
56 x 65 x 25 cm

George Brecht (New York, United States, 1926)

Redemption Dome
[Redoma de redenção]
1959
Mixed media / Técnica mista
33 x 24 cm

The Case (Suite Case)
[A caixa (mala)]
1959
Mixed media / Técnica mista
20 x 41 x 30 cm

Chair Event
[Acontecimento-cadeira]
1960
Painted chair, painted stick, and orange / Cadeira pintada, bastão pintado e laranja
88 x 48 x 95 cm

Dispenser
[Máquina de autovenda]
1960
Mixed media / Técnica mista
28 x 22 x 19 cm

Coat Rack (Clothes Tree)
[Cabide (Bengaleiro)]
1962 – 1963
Clothes rack with umbrellas, huts and raincoat / Bengaleiro com guarda-chuvas, chapéus e gabardina
193 x 70 x 70 cm

Table with Rainbowleg
[Mesa com perna arco-íris]
1962 – 1963
Mixed media / Técnica mista
62.4 x 45.1 x 40.6 cm

Land Mass Translocation Project: Isle of Wight/Azores
[Projecto de transladação de terras: Ilha de Wight/Açores]
1969
Red ink on paper / Tinta vermelha sobre papel
26 x 33.8 cm

Little Anarchist Dictionary
[Pequeno dicionário anarquista]
1969
Mixed media / Técnica mista
115 x 29 x 18 cm

White Domino Piece with String and Blue and White Ball (in Glass Dome)
[Peça de dominó branco com cordão e bola branca e azul (em redoma de vidro)]
1969
Mixed media / Técnica mista
45 x 21 cm

Monument to the Revolution
[Monumento à revolução]
1970
Mixed media / Técnica mista
28.5 x 16.5 cm

Perfectionne Extra Superior
[Perfeição extra superior]
1970
Mixed media / Técnica mista
40 x 21 cm

Sign of the Times
[Sinal dos tempos]
1973
Mixed media / Técnica mista
20.5 x 30.5 x 2 cm

Daniel Buren (Boulogne-Billancourt, France, 1938)

Tissu rayé vert et blanc
[Green and white stripped cloth / Tecido às riscas verdes e brancas]
1970
Acrylic on canvas / Ac   :o sobre tela
153.5 x 141 cm

Christo (Gabrovo, Bulgary, 1935)

Packed Road Sign
[Sinal de trânsito embrulhado]
1963
Mixed media / Técnica mista
143 x 56 x 46.5 cm

Poussette (Packed Supermarket Cart)
[Carrinho (Carro de supermercado embrulhado)]
1963
Mixed media / Técnica mista
105 x 78 x 42 cm

Jim Dine (Cincinnati, Ohio, United States, 1935)

Hair
[Cabelo]
1961
Oil on canvas / Óleo sobre tela
183 x 183 cm

Flesh Chisel
[Cinzel de carne]
1962
Oil on canvas on wood with object /
Óleo sobre tela sobre madeira com
objecto
213 x 153 cm

Erro (Olafsvik, Iceland, 1932)

*Les vainqueurs de Leningrad
supportés par le monstre
daltonien Matisse*
[The conquerors of Leningrad
supported by the colour-blind
monster, Matisse / Os vencedores
de Leningrado apoiados pelo
monstro daltónico Matisse]
1966
Acrylic on canvas / Acrílico sobre
tela
260 x 200 cm

Dan Flavin (New York, United
States, 1933 – Riverhead, Long
Island, United States, 1996)

Monument for V. Tatlin
[Monumento a V. Tatlin]
1966
Cool white fluorescent light / Luz
fluorescente de cor branca fria
305 x 62 cm

Untitled (to Frank Stella)
[Sem título (para Frank Stella)]
1966
Pink and yellow fluorescent light /
Luz fluorescente rosa e amarela
183 x 61 cm

*Untitled (Red and Blue / for Mrs.
Sonnabend)*
[Sem título (vermelho e azul / para
a Sr.ª Sonnabend)]
1968
2 red and blue fluorescent lights /
2 lâmpadas fluorescentes de cor
vermelha e azul
183 x 11 x 10 cm

Untitled
[Sem título]
1987
Pink and yellow fluorescent light /
Luz fluorescente rosa e amarela
243.8 x 243.8 x 25.4 cm

Philip Guston (Montreal, Quebec,
Canada, 1913 – New York, United
States, 1980)

Traveller II
[Viajante II]
1960
Oil on canvas / Óleo sobre tela
166 x 186 cm

Hans Haacke (Cologne, Germany,
1936)

Eisbildung
[Ice formation / Formação de gelo]
1970
Refrigeration unit and water basin /
Unidade refrigeradora e recipiente
de água
20 x 120 x 200 cm

Raymond Hains (Saint-Brieuc,
France, 1926)

La Grande Palissade
[The Great Palisade / A grande
paliçada]
1964
Metal and paper / Metal e papel
200 x 300 cm

Peter Halley (New York, United
States, 1953)

Black Cell with Conduit
[Célula negra com conduta]
1987
Day-glo acrylic, acrylic Roll-a-tex
on canvas / Acrílico fosforescente,
acrílico roll-a-tex sobre tela
148 x 284 cm

Total Recall
[Memória viva]
1990
Day-glo acrylic, acrylic Roll-a-tex
on canvas / Acrílico fosforescente,
acrílico roll-a-tex sobre tela
216 x 246 cm

(((0)))
1993
Day-glo acrylic, acrylic Roll-a-tex
on canvas / Acrílico fosforescente,
acrílico roll-a-tex sobre tela
238.1 x 230.2 cm

Duane Hanson (Alexandria,
Minnesota, United States, 1925 –
Davie, South Florida, United States,
1996)

Housewife (Homemaker)
[Dona de casa / Fada do lar]
1969 – 1970
Mixed media / Técnica mista
Human size / Dimensões reais

Erwin Heerich (Kassel, Germany,
1922)

Kleine Stadt (Siedlung)
[Small town (suburb) / Cidade
pequena (urbanização)]
1953 – 1956
Cardboard relief / Relevo em cartão
75 x 75 x 10 cm

Opus I in Pappe
[Opus I on Card / Opus I em
cartolina]
1954
Card / Cartolina
58 x 20 x 5 cm

Mechanischer Reiter
[Mechanical Rider / Cavaleiro mecânico]
1956
Card / Cartolina
49 x 55 x 8 cm

Konkaves Quadrat auf Quadrat
[Hollow Square on Square / Quadrado côncavo sobre quadrado]
1960
Cardboard / Cartão
24 x 24 x 24 cm

Kreuzwürfel
[Cross-dice / Dado(s) em forma de cruz]
1960
Cardboard / Cartão
30 x 30 x 30 cm

Stuhl
[Chair / Cadeira]
1960
Cardboard / Cartão
60 x 34 cm

Relief with Black Volutes
[Relevo com volutas pretas]
1961
Cardboard / Cartão
15 x 10 x 15 cm

Spiralgang
[Spiral / Espira]
1965
Cardboard / Cartão
23.5 x 24.5 x 23.5 cm

Wellenrhythmus
[Wave rhythm / Ritmo de ondas]
1966
Cardboard / Cartão
82 x 57.5 x 6.5 cm

Michael Heizer (Berkeley, California, United States, 1944)

Untitled No. 5
[Sem título n.º 5]
1967 – 1972
Polyvinyl and latex on canvas / Polivinil e latex sobre tela
289.5 x 289.5 cm

Untitled No. 1 (Slate)
[Sem título n.º 1 (ardósia)]
1974
Polyvinyl and latex on canvas / Polivinil e latex sobre tela
335 x 152 cm

Untitled No. 7
[Sem título n.º 7]
1974
Polyvinyl and latex on canvas / Polivinil e latex sobre tela
282 x 395.2 cm

Untitled No. 2
[Sem título n.º 2]
1975
Polyvinyl and latex on canvas / Polivinil e latex sobre tela
Ø: 243.8 cm

Untitled No. 9
[Sem título n.º 9]
1975
Polyvinyl on canvas / Polivinil sobre tela
Ø: 243.8 cm

Quebec
1977
Pink granite / Granito rosa
Big circle / Círculo grande: 100.2 cm; 4 little circles / 4 círculos pequenos: 50.8 cm

Hans Hofmann (Weissenberg, Germany, 1880 – New York, United States, 1966)

Green Table
[Mesa verde]
1937
Casein on wood / Caseína sobre madeira
152.5 x 122 cm

The Ocean
[Oceano]
1957
Oil on canvas / Óleo sobre tela
152 x 182.5 cm

Conjuntis Viribus
1963
Oil on canvas / Óleo sobre tela
182.8 x 152.5 cm

On Kawara (Kariya, Japan, 1933)

Date Painting, Feb. 16, 1971
[Quadro-data, 16 de Fevereiro de 1971]
1971
Acrylic on canvas / Acrílico sobre tela
25.5 x 33 cm (size B / tamanho B)

Mike Kelley (Dearborn, Michigan, United States, 1954)

Colema Bench
[Banco de Colema]
1992
Wood, buckets and tubing / Madeira, baldes e tubagem
213.4 x 170.2 x 41.9 cm

Orgone Shed
[Barracão de órgone]
1992
Wood, steel and insulating material / Madeira, aço e material isolador
224.8 x 226.1 x 149.9 cm

Private Address System
[Sistema de endereço privado]
1992
Portable toilet, loudspeaker, microphone and electric system / Quarto de banho portátil, altifalante, microfone e sistema eléctrico
100 x 46 x 47.5 cm

Torture Table
[Mesa de tortura]
1992
Wood, buckets, knife, plastic pillow / Madeira, baldes, faca e almofada de plástico
36.5 x 96 x 48 cm

Edward Kienholz (Fairfield, Washington, United States, 1927 – Hope, Idaho, United States, 1994)

Roxy's
1960 – 1961
8 figures, bric-a-brac, several gold-fish, incense, disinfectant, perfume, music box, clothing / 8 figuras, bricabraque, peixinhos vermelhos, incenso, desinfectante, perfume, *jukebox* e roupa
Environment – variable dimensions / Ambiente – dimensões variáveis

Franz Kline (Wilke-Barre, Pennsylvania, United States, 1910 – New York, United States, 1962)

Zinc Door
[Porta de zinco]
1961
Oil on canvas / Óleo sobre tela
235 x 172.1 cm

Joseph Kosuth (Toledo, Ohio, United States, 1945)

Art as Idea as Idea (Black)
[A arte como ideia como ideia (preto)]
1967
Photostat on board / Cópia fotográfica sobre ardósia
120 x 120 cm

Sol LeWitt (Hartford, Conneticut, United States, 1928)

Untitled, Part Set ABCD
[Sem título, composição ABCD]
1968
Metal / Metal
145 x 145 x 50 cm

Morris Louis (Baltimore, United States, 1912 – Washington, United States, 1962)

Untitled
[Sem título]
1955
Oil on canvas / Óleo sobre tela
200.7 x 131 cm

Untitled
[Sem título]
1956
Acrylic (Magna) on canvas / Acrílico (Magna) sobre tela
238.7 x 287 cm

Dalet Vav
1958
Acrylic (Magna) on canvas / Acrílico (Magna) sobre tela
226.1 x 401.3 cm

Gamma Iota
1960
Acrylic (Magna) on canvas / Acrílico (Magna) sobre tela
259 x 397.5 cm

Markus Lüpertz (Liberec, Bohemia, 1941)

Amor und Psyche I – III
[Love and Psyche I – III / Amor e Psique I – III]
1978 – 1979
Oil and mixed media on canvas / Óleo e técnica mista sobre tela
285 x 285 cm

Robert Mangold (New York, United States, 1937)

Untitled (Tan)
[Sem título (bronzeado)]
1977
Acrylic and plaster on canvas / Acrílico e gesso sobre tela
244 x 426 cm

Brice Marden (Bronxville, New York, United States, 1938)

Far
[Longe]
1969
Oil and wax on canvas / Óleo e cera sobre tela
134.6 x 180.3 cm

Roberto Matta Echaurren (Santiago de Chile, Chile, 1911)

The Splitting of the Ergo
[A divisão do Ergo]
1946
Oil on canvas / Óleo sobre tela
195.6 x 251.5 cm

L'Atout
[The Trump / O trunfo]
1954
Oil on canvas / Óleo sobre tela
200 x 390 cm

Evolution d'une cible
[Evolution of a target / Evolução de um alvo]
1956
Oil on canvas / Óleo sobre tela
140 x 200 cm

Je – Ographie
1970
Oil on canvas / Óleo sobre tela
200 x 300 cm

Robert Motherwell (Aberdeen, Washington, United States, 1915 – Provincetown, United States, 1991)

Wall Painting No. III
[Mural n.º III]
1953
Oil on canvas / Óleo sobre tela
137.1 x 184.5 cm

Open No. 184 (With Charcoal Lines)
[Abertura n.º 184 (com linhas a carvão)]
1969
Acrylic and charcoal on canvas / Acrílico e carvão sobre tela
223.5 x 310 cm

Louise Nevelson (Kiev, Ucrania, 1900 – New York, United States, 1988)

Tide Echo
[Eco da maré]
1957 – 1961
Painted wood construction / Construção de madeira pintada
237.6 x 232.5 x 32 cm

Barnett Newman (New York, United States, 1905 – 1970)

Uriel
1955
Oil on canvas / Óleo sobre tela
243.8 x 548.6 cm

Kenneth Noland (Asheville, North Carolina, United States, 1924)

Wotan
1961
Acrylic on canvas / Acrílico sobre tela
210 x 210 cm

Via Media (Suddenly)
[Termo médio (subitamente)]
1963
Acrylic on canvas / Acrílico sobre tela
259.1 x 330.2 cm

Claes Oldenburg (Stockholm, Sweden, 1929)

Girls' Dresses Blowing in the Wind (Two Girls' Dresses)
[Vestidos de rapariga esvoaçando ao vento (dois vestidos de rapariga)]
1961
Muslin soaked in plaster over wire frame, painted with enamel / Musselina embebida em gesso sobre estrutura de arame, pintada a esmalte
99 x 134.7 x 10,2 cm

Mannikin with One Leg
[Manequim de uma perna]
1961
Enamel on plaster and muslin suspended on a pole attached to a wooden base / Esmalte sobre gesso e musselina suspensa de um poste assente em base de madeira
219.1 x 69.8 x 43.2 cm

Plate of Meat
[Prato de carne]
1961
Muslin soaked in plaster over wire frame, painted with enamel / Musselina embebida em gesso sobre estrutura de arame, pintada com esmalte
99 x 134.7 x 10.2 cm

Sewing Machine
[Máquina de costura]
1961
Painted plaster with oil / Gesso pintado a óleo
115 x 158 cm

Toy Box
[Caixa de brinquedos]
1963
21 hand painted objects on soft canvas in painted wood box / 21 objectos pintados à mão sobre tela flexível em caixa de madeira pintada
23.5 x 91.4 x 61 cm

Soft Engine Parts No. 2 – Airflow Model No. 6 (Filter and Horns)
[Partes moles de motor n.º 2 – Modelo de fluxo de ar n.º 6 (filtro e buzinas)]
1965
Painted canvas, guano and wood / Tela pintada, guano e madeira
125 x 83 x 23 cm

Soft Medicine Cabinet
[Armário de medicamentos mole]
1966
Vinyl, wood, metal and acrylic / Vinil, madeira, metal e acrílico
229 x 61 x 16.5 cm

Three Way Plug, Model
[Tomada de três entradas, modelo]
1969
Wood and Masonite / Madeira e Masonite
149.9 x 99 x 72.4 cm

Geometric Mouse, Scale B
[Rato geométrico, escala B]
1969
Painted aluminium / Alumínio pintado
106.7 x 106.7 cm

Alphabet (Alphabet in the Form of a Good Humor Bar)
[Alfabeto (alfabeto sob a forma de placa de bom humor)]
1975
Painted fiberglass, sheet, bronze, steel / Fibra de vidro pintada, chapa, bronze e aço
254 x 152.4 x 61 cm;
bronze: 96.5 x 48.3 x 22.9 cm

Robert Rauschenberg (Port Arthur, Texas, United States, 1925)

Pilgrim
[Peregrino]
1960
Combine painting / Pintura combinatória
200 x 143 x 45 cm

Martial Raysse (Golfe-Juan, France, 1936)

Rose
[Rosa]
1962
Acrylic and neon on canvas / Acrílico e neón sobre tela
182 x 131 cm

Ad Reinhardt (Buffalo, New York, United States, 1913 – New York, United States, 1967)

Abstract Painting
[Pintura abstracta]
1956
Oil on canvas / Óleo sobre tela
203.2 x 127 cm

Jason Rhoades (Newcastle, Sacramento, United States, 1964)

A Few Free Years
[Alguns anos livres]
1998
Mixed media / Técnica mista
Installation – variable dimensions /
Instalação – dimensões variáveis

James Rosenquist (Grand Forks, North Dakota, United States, 1933)

Brighter than the Sun
[Mais brilhante do que o sol]
1961
Oil on canvas / Óleo sobre tela
145 x 229 cm

Dieter Roth (Hannover, Germany, 1930 – Basilea, Switzerland, 1998)

Flugzeugabsturz
[Plane crash / Acidente aéreo]
1967
Paper and chocolate / Papel e chocolate
60 x 97 cm

Herd
[Stove / Fogão]
1969
Stove and chocolate / Fogão e chocolate
90 x 100 x 93 cm

Edward Ruscha (Omaha, Nebraska, United States, 1937)

Talk about Space
[Conversa sobre o espaço]
1963
Acrylic on canvas / Acrílico sobre tela
181 x 170 cm

Robert Ryman (Nashville, Tennessee, United States, 1930)

Capitol
[Capitólio]
1977
Vinyl acetate emulsion on linen on wood / Emulsão de acetato de vinil sobre linho sobre madeira
182.9 x 182.9 cm

George Segal (New York, United States, 1924 – New Jersey, United States, 2000)

Farmworker
[Trabalhador rural]
1963
Plaster, simulated bricks, wood, and glass / Gesso, tijolos simulados, madeira e vidro
243 x 243 x 107 cm

Man Leaning on Car Door
[Homem apoiado na porta de um carro]
1963
Plaster, wood, glass and metal / Gesso, madeira, vidro e metal
244 x 128.3 x 104.1 cm

Laundromat
[Lavandaria self-service]
1966 – 1967
Plaster, plastic and metal / Gesso, plástico e metal
217 x 247 x 110 cm

Richard Serra (San Francisco, California, United States, 1939)

No. 5 (Lead Piece)
[N. º 5 (Peça de chumbo)]
1969
Lead and antimony / Chumbo e antimónio
132 x 122 x 213 cm

Do it
[Força]
1983
Steel / Aço
332.7 x 259 x 358.1 cm

David Smith (Decatur, Indiana, United States, 1906 – Bennington, Vermont, United States, 1965)

Seven Hours
[Sete horas]
1961
Painted steel / Aço pintado
214.5 x 122 x 45.5 cm

Robert Smithson (Rutherford, New Jersey, United States, 1938 – Amarillo, Texas, United States, 1973)

Mirror Vortex
[Vórtice especular]
1966
Painted steel and mirror / Aço pintado e espelho
87 x 144.8 x 63.5 cm

Keith Sonnier (Mamou, Louisiana, United States, 1941)

Light Piece (Mirror Act V)
[Obra de luz (acto especular V)]
1969
Mirror, glass and halogen lamps / Espelho, vidro e lâmparas de halogéneo
490 x 1100 x 660 cm

Daniel Spoerri (Galati, Rumania, 1930)

La Table Bleue – Restaurant de la Galerie "J"
[The Blue Table – "J" Gallery Restaurant / A mesa azul – Restaurante da Galeria "J"]
1963
Mixed media / Técnica mista
110 x 110 x 20 cm

Frank Stella (Molden, Massachusetts, United States, 1936)

Bonne Bay I
1969
Acrylic on canvas / Acrílico sobre tela
305 x 610 cm

Clyfford Still (Grandin, North Dakota, United States, 1904 – Baltimore, Maryland, United States, 1980)

1951 – D
1951
Oil on canvas / Óleo sobre tela
297.2 x 266.7 cm

Untitled
[Sem título]
1953
Oil on canvas / Óleo sobre tela
276.9 x 233.7 cm

1960 – F
1960
Oil on canvas / Óleo sobre tela
285.5 x 368.2 cm

Hervé Télémaque (Port-au-Prince, Haiti, 1937)

Voir elle
[To see her / Vê-la]
1964
Acrylic on canvas / Acrílico sobre tela
195 x 130 cm

Jean Tinguely (Fribourg, Switzerland, 1925 – Bern, Switzerland, 1991); **Larry Rivers** (New York, United States, 1923)

Turning Friendship of America and France
[Amizade cambiante entre a América e a França]
1962
Object, oil on canvas, metalic construction, wood baseboard and electric motor / Objecto, óleo sobre tela, construção metálica, base de madeira e motor eléctrico
204 x 104 x 81 cm

Richard Tuttle (Rahway, New Jersey, United States, 1941)

Equals
[Iguais]
1964 – 1965
Painted wood / Madeira pintada
99 x 120 cm

Two or More I
[Dois ou mais I]
1984
Collage / Colagem
16.5 x 62.2 x 8.9 cm

Two or More IV
[Dois ou mais IV]
1984
Collage / Colagem
35.5 x 35.5 x 11.4 cm

Two or More IX
[Dois ou mais IX]
1984
Relief, mixed media / Relevo, técnica mista
127 x 81.2 x 8.9 cm

Two or More XII
[Dois ou mais XII]
1984
Collage / Colagem
104.1 x 62.2 x 15.2 cm

Cy Twombly (Lexington, Virginia, United States, 1929)

Leda and the Swan
[Leda e o cisne]
1960
Oil, plaster and coloured pencil on canvas / Óleo, gesso e lápis de cor sobre tela
193.7 x 203.2 cm

Untitled (Munich)
[Sem título (Munique)]
1964
Oil, coloured crayon, pencil on canvas / Óleo, lápis de cera de cor e lápis sobre tela
170.5 x 201 cm

Jacques Villeglé (Quimper, Finistere, France, 1926)

Boulevard St. Martin
1959
Décollage
222 x 245 cm

Andy Warhol (Mckeesport, Pennsylvania, united States, 1928 – New York, United States, 1987)

Russel Means
1976
Synthetic polymer silkscreened on canvas / Polímero sintético serigrafado sobre tela
213.4 x 177.8 cm

Hammer and Sickle
[Martelo e foice]
1977
Synthetic polymer silkscreened on canvas / Polímero sintético serigrafado sobre tela
183 x 218.5 cm

Shadow (Double)
[Sombra (duplo)]
1978
Screenprints and synthetic polymer on canvas / Serigrafias e polímero sintético sobre tela
198.1 x 127 cm

Campbell's Soup (I, Green/Blue)
[Sopa Campbell (I, verde/azul)]
1985
Acrylic on canvas / Acrílico sobre tela
183 x 152 cm

Campbell's Soup (III, Golden on Red)
[Sopa Campbell (III, dourado sobre vermelho)]
1985
Acrylic on canvas / Acrílico sobre tela
183 x 152 cm

Friedrich II
1986
Synthetic polymer silkscreened on
canvas / Polímero sintético
serigrafado sobre tela
214 x 183 cm

Lawrence Weiner (New York,
United States, 1940)

*No. 573 Shafts of Broken Marble
Set on the Ground Here and
Across the Water*
[N.º 573 Cabos de mármore
partido colocados aqui no chão
e do lado de lá da água]
1987
Mixed media / Técnica mista
550 x 240 cm

No. 591 Altered to Suit
[N.º 591 alterado para convir]
1988
Mixed media / Técnica mista
Variable dimensions / Dimensões
variáveis

Tom Wesselman (Cincinnati, Ohio,
United States, 1931)

Great American Nude No. 44
[Grande nu americano n.º 44]
1963
Mixed media / Técnica mista
206 x 268 cm

H. C. Westermann (Los Angeles,
California, United States, 1922 –
Danbury, Connecticut, United
States, 1981)

*Abandoned Death Ship of no Port
with a List*
[Barco da morte de porto algum
abandonado com lista]
1969
Wood and metal (2 elements) /
Madeira e metal (2 elementos)
12.7 x 56.5 x 10.5 cm;
27.8 x 75 x 20.4 cm

Untitled (Ghost Town)
[Sem título (cidade fantasma)]
1981
Indian ink and watercolor
(2 elements) / Tinta-da-china e
aguarela (2 elementos)
12.7 x 56.5 x 10.5 cm;
27.8 x 75 x 20.4 cm

Stefan Wewerka (Magdeburg,
Germany, 1928)

Grüner Stuhl
[Green Chair / Cadeira verde]
1969
Painted wood / Madeira pintada
82 x 65 x 57 cm

H + D Türen
[H + D Doors / Portas H + D]
1969
Painted wood / Madeira pintada
120 x 300 cm

Brauner Stuhl
[Brown Chair / Cadeira castanha]
1969 – 1970
Painted wood / Madeira pintada
82 x 45 x 45 cm

Rosa Stuhl
[Pink Chair / Cadeira cor-de-rosa]
1969 – 1970
Painted wood / Madeira pintada
82 x 45 x 45 cm

Türobjekt
[Door-object / Objecto-porta]
1971 – 1972
Painted wood / Madeira pintada
170 x 200 x 20 cm

Duane Hanson, *Housewife (Homemaker)*, 1969 –1970

This catalogue has been published on the occasion of the exhibition *The Onnasch Collection. Aspects of Contemporary Art* produced by the Museu d'Art Contemporani de Barcelona (MACBA) and travelling to the Museu de Arte Contemporânea de Serralves.

Este catálogo foi editado por ocasião da mostra *A Colecção Onnasch. Aspectos da Arte Contemporânea*, produzida pelo Museu d'Art Contemporani de Barcelona (MACBA) e com itinerância no Museu de Arte Contemporânea de Serralves.

Museu d'Art Contemporani de Barcelona (MACBA)
November 7, 2001 through February 24, 2002 / 7 de Novembro de 2001 a 24 de Fevereiro de 2002

Museu de Arte Contemporânea de Serralves
March 22 through June 23, 2002 / 22 de Março a 23 de Junho de 2002

Special thanks to Gesine Tosin for her generous assistance for the exhibition and for this publication.
Uma palavra especial de reconhecimento a Gesine Tosin pela sua preciosa colaboração na exposição e no presente volume.

EXHIBITION / EXPOSIÇÃO

MACBA

Curators / Comissários
Manuel J. Borja-Villel
Antònia M. Perelló

Coordination / Coordenação
Anna Borrell
Gesine Tosin

Conservation / Conservação
Wolfram Gabler
Samuel Mestre
Xavier Rossell

Architecture / Arquitectura
Isabel Bachs

MUSEU DE SERRALVES

Organization / Organização
Vicente Todolí
João Fernandes

Coordination, production and installation / Coordenação, produção e montagem
Marta Moreira de Almeida

Registrar and transport / Registo e transportes
Inês Venade
Daniela Oliveira

Installation staff / Equipa de montagem
João Brites
Manuel Martins
Adelino Pontes
Lázaro Silva

CATALOGUE / CATÁLOGO

Edition / Edição
Mela Dávila

Coordination / Coordenação
Anna Jiménez Jorquera

Edition and coordination (Portuguese) / Edição e coordenação (português)
Maria Ramos

Translation / Tradução
Sofia Gomes, Maria Ramos
(Portuguese–English / português–inglês)
Cláudia Gonçalves
(German–Portuguese / alemão–português)
John William Gabriel
(English versions / versões inglesas)

Graphic design / Arranjo gráfico
David Zaragoza

Digital reproductions / Reproduções digitais
Oriol Rigat, Carmen Galán

Production / Produção
Font i Prat, Ass.

Printing / Impressão
Ingoprint, SA

Distribution / Distribuição
Portugal: Fundação de Serralves
Elsewhere / Resto do mundo:
ACTAR. Roca i Batlle, 2 08023 Barcelona
Tel. +34 93 418 77 59 Fax +34 93 418 67 07
info@actar-mail.com / www.actar.es

Museu d'Art Contemporani de Barcelona (MACBA)
Plaça dels Àngels, 1
08001 Barcelona
España
Tel. +34 93 412 08 10
Fax +34 93 412 46 02
macba@macba.es
www.macba.es

Museu de Arte Contemporânea de Serralves
Rua D. João de Castro, 210
4150-417 Porto
Portugal
Tel. +351 22 615 65 00
Fax +351 22 615 65 33
edicoes@serralves.pt
www.serralves.pt

Sponsor of MACBA / Patrocinador do MACBA